16	3	2	13
5	10	11	8
9	6	7	12
4	15	14	1

Mikhail Bakhtin

Notas sobre literatura, cultura e ciências humanas

Organização, tradução, posfácio e notas
Paulo Bezerra

Notas da edição russa
Serguei Botcharov

editora∎34

EDITORA 34

Editora 34 Ltda.
Rua Hungria, 592 Jardim Europa CEP 01455-000
São Paulo - SP Brasil Tel/Fax (11) 3811-6777 www.editora34.com.br

Copyright © Editora 34 Ltda. (edição brasileira), 2017
Tradução @ Paulo Bezerra, 2017
Copyright © Mikhail Bakhtin
Published by arrangement with Elena Vladimirovna Ermilova
and Serguey Georgevich Bocharov. All rights reserved.

A FOTOCÓPIA DE QUALQUER FOLHA DESTE LIVRO É ILEGAL E CONFIGURA UMA
APROPRIAÇÃO INDEVIDA DOS DIREITOS INTELECTUAIS E PATRIMONIAIS DO AUTOR.

Capa, projeto gráfico e editoração eletrônica:
Bracher & Malta Produção Gráfica

Revisão:
Danilo Hora, Beatriz de Freitas Moreira

1ª Edição - 2017 (1ª Reimpressão - 2019)

CIP - Brasil. Catalogação-na-Fonte
(Sindicato Nacional dos Editores de Livros, RJ, Brasil)

        Bakhtin, Mikhail (1895-1975)
B142n   Notas sobre literatura, cultura e ciências
       humanas / Mikhail Bakhtin; organização, tradução,
       posfácio e notas de Paulo Bezerra; notas da edição
       russa de Serguei Botcharov. — São Paulo: Editora 34,
       2017 (1ª Edição).
       104 p.

       ISBN 978-85-7326-666-5

         1. Teoria literária. 2. Linguística.
       3. Filosofia da cultura. I. Bezerra, Paulo.
       II. Botcharov, Serguei (1929-2017). III. Título.

                 CDD - 801

Notas sobre literatura, cultura e ciências humanas

Nota à edição brasileira 7

A ciência da literatura hoje
(Resposta a uma pergunta da revista *Novi Mir*) 9

Fragmentos dos anos 1970-1971 21

Por uma metodologia das ciências humanas 57

Bakhtin: remate final, *Paulo Bezerra* 81

Sobre o autor 98

Sobre o tradutor 100

Nota à edição brasileira

Este volume reúne três textos de Mikhail Mikháilovitch Bakhtin (1895-1975): "A ciência da literatura hoje", "Fragmentos dos anos 1970-1971" e "Por uma metodologia das ciências humanas". Os três foram escritos no final da vida do autor, e publicados na coletânea *Estética da criação verbal* (*Estétika sloviésnovo tvórtchestva*, Moscou, Iskusstvo, 1979), com organização e notas de Serguei Botcharov.

"A ciência da literatura hoje" foi escrito no outono de 1970, em resposta a uma solicitação da editora Inna Petrovna Boríssova da *Novi Mir*, e publicado no mesmo ano no nº 11 da revista sob o título "Otviêt na voprós redaktsii *Nôvogo Mira*" ("Resposta a uma pergunta da revista *Novi Mir*"). Nesta edição, foi usado o texto estabelecido por Liudmila Gogotichvíli, com base em três manuscritos do autor, presente no tomo 6 das *Obras reunidas* de Bakhtin (*Sobránie sotchiniénii v 7 tomakh*, Moscou, Rússkii Slovarí, 2002).

Os "Fragmentos dos anos 1970-1971" ("Iz zápissiei 1970-1971 godôv") foram selecionados das notas de trabalho que Bakhtin produziu entre maio de 1970 e dezembro de 1971, enquanto vivia em Klimóvsk, nos arredores de Moscou. Foi preservada a seleção feita por Serguei Botcharov em *Estética da criação verbal*, mas o texto foi cotejado com a transcrição do "Caderno nº 2" de Bakhtin feita por Liudmila Deriúguina e Liudmila Gogotichvíli, presente no tomo 6 das *Obras reunidas* do autor.

"Por uma metodologia das ciências humanas" ("K metodologii gumanitarnikh naúk") foi o último texto escrito por Bakhtin, a partir de um texto anterior, esboçado entre fins de 1930 e início de 1940 e denominado "Acerca dos fundamentos filosóficos das ciências humanas" ("K filossófskim osnôvam gumanitarnikh naúk"). Foi publicado em 1975 na revista *Kontekst 1974*, com cortes do editor Vadim Kójinov, e em 1979 em *Estética da criação verbal*, onde os trechos cortados ficaram em forma de nota. Nesta edição foi mantido o formato originalmente concebido pelo autor.

As notas da edição russa, de autoria de Serguei Botcharov, estão assinaladas com (N. da E.); as notas do tradutor Paulo Bezerra, com (N. do T.).

A ciência da literatura hoje
(Resposta a uma pergunta da revista *Novi Mir*)[1]

A redação da revista *Novi Mir* me pergunta como eu avalio o estado atual da ciência da literatura.[2] É claro que uma resposta categórica a semelhante pergunta é difícil. Quando avaliam o seu dia a dia, a sua atualidade, as pessoas sempre tendem a cometer erros (nesse ou naquele sentido). E isso deve ser levado em conta. Ainda assim, tentarei responder.

Nossa ciência da literatura dispõe de grandes potencialidades: temos muitos estudiosos da literatura sérios e talentosos, inclusive jovens, temos grandes tradições científicas elaboradas tanto no passado (Potebniá, Vesselóvski)[3] quanto

[1] Originalmente publicado na *Novi Mir*, n° 11, 1970, pp. 237-40. (N. do T.)

[2] O termo russo (*literaturoviédenie*), aqui traduzido como ciência da literatura, sintetiza história da literatura, teoria da literatura e crítica literária, três áreas correlatas da investigação literária. Ademais, o próprio Bakhtin chama de *ciência* a investigação literária profunda e abrangente. Daí minha opção por "ciência da literatura" em vez de "estudos literários", como tem sido traduzido. Em verdade, o que temos de fato é uma epistemologia da literatura, pois, além das três áreas correlatas acima referidas, ainda integra a concepção bakhtiniana de literatura uma nova ciência que ele chamou de *metalinguística*, que é uma síntese da filosofia e da filologia num conjunto formado na fronteira entre a linguística, a antropologia filosófica e a investigação literária. (N. do T.)

[3] Aleksandr Potebniá (1835-1891), gramático, um dos primeiros es-

na época soviética (Tiniánov, Tomachévski, Eikhenbaum, Gukóvski e outros); sem dúvida existem as condições externas necessárias ao seu desenvolvimento (institutos de pesquisa, cadeiras da área, financiamento, possibilidades editoriais, etc.). Contudo, a despeito de tudo isso, acho que, ao fim e ao cabo, a nossa ciência da literatura dos últimos anos (na realidade, de quase todo o último decênio) não realizou essas possibilidades e não atendeu às demandas que temos o direito de lhe apresentar. Não há uma colocação ousada das questões gerais, não há descobertas de novos campos ou fenômenos particulares significativos no vasto mundo da literatura, não há uma luta verdadeira e sadia entre correntes científicas; domina um certo temor de risco investigatório, um temor de levantar hipóteses. No fundo, a ciência da literatura ainda é jovem, carece de métodos elaborados e verificados na experiência como existem nas ciências naturais; por isso a ausência de uma luta entre correntes e o temor de levantar hipóteses ousadas acarretam como inevitável o domínio de truísmos e chavões, que lamentavelmente não faltam entre nós.

A meu ver, é essa a índole *geral* da ciência da literatura em nossos dias. Mas nenhuma caracterização geral é plenamente justa. Também em nossos dias se publicam, evidentemente, livros razoáveis e úteis (sobretudo de história da literatura), aparecem artigos interessantes e profundos, por último, há *grandes* fenômenos aos quais a minha caracterização absolutamente não se estende. Tenho em vista o livro de N. Conrad *O Ocidente e o Oriente*, o livro de D. Likhatchóv *A poética da literatura russa antiga* e os quatro números de *Trabalhos sobre Sistemas de Signos* (produzidos por uma corrente de jovens pesquisadores liderados por Iúri M.

---

tudiosos de temas linguísticos e de poética na Rússia; Aleksandr Vesselóvski (1838-1906), um dos mais importantes filólogos russos, criador da Poética Histórica da Literatura. (N. do T.)

Lotman).[4] São fenômenos sumamente agradáveis dos últimos anos. Nesta palestra talvez eu ainda volte a comentar esses trabalhos.

Quanto à minha opinião sobre as tarefas que se colocam em primeiro lugar diante da ciência da literatura, aqui me detenho só em duas, vinculadas apenas à história da literatura das épocas *passadas*, e assim mesmo da forma mais genérica. Não farei nenhuma referência ao estudo da literatura *atual* e da crítica literária, embora esteja justamente aí o maior número de questões importantes e de primeira ordem. As duas questões que pretendo abordar eu as escolhi porque já me parecem amadurecidas e em torno delas teve início um trabalho eficaz que precisa ser continuado.

Antes de mais nada, a ciência da literatura deve estabelecer o vínculo mais estreito com a história da cultura. A literatura é parte inseparável da cultura, não pode ser entendida fora do contexto pleno de toda a cultura de uma época. É inaceitável separá-la do restante da cultura e, como se faz constantemente, ligá-la imediatamente a fatores socioeconômicos, passando, por assim dizer, por cima da cultura. Esses fatores agem sobre a cultura no seu todo e só através dela e junto com ela influenciam a literatura. Durante um período bastante longo, em nosso país deu-se atenção particular à especificidade da literatura. Na época isso talvez tenha sido necessário e útil. Cabe dizer que uma especificação estreita é estranha às melhores tradições da nossa ciência. Lembremos os vastíssimos horizontes culturais das pesquisas de Potebniá e particularmente de Vesselóvski. Em função do envolvimento com especificadores, ignoravam-se as questões da relação de reciprocidade e interdependência entre os diversos campos

---

[4] A revista *Trabalhos sobre Sistemas de Signos* (*Trudi po Znakovim Sistemam*), da Universidade de Tartu, é o mais antigo periódico internacional sobre semiótica, sendo publicado até hoje (desde 1998 em língua inglesa sob o título *Sign Systems Studies*). (N. do T.)

A ciência da literatura hoje

da cultura; esquecia-se frequentemente de que as fronteiras desses campos não são absolutas, de que variam em diferentes épocas; não se levava em conta que a vida mais intensa e produtiva da cultura transcorre precisamente nas fronteiras de seus campos particulares e não onde e quando essas fronteiras se fecham em sua especificidade. Nossos trabalhos de história e teoria da literatura costumam caracterizar as épocas a que se referem os fenômenos literários estudados, mas, na maioria dos casos, essas caracterizações em nada diferem daquelas apresentadas em história geral, desprovidas da análise diferenciada dos campos da cultura e sua interação com a literatura. Ademais, ainda não se elaborou a metodologia de tais análises. O chamado processo literário de uma época, se estudado isoladamente de uma análise profunda da cultura, reduz-se a uma luta superficial entre as correntes literárias e, para a modernidade (particularmente para o século XIX), reduz-se, em essência, ao sensacionalismo das revistas e jornais, que não exerce influência de peso sobre a grande, a autêntica literatura de uma época. As correntes poderosas e profundas da cultura (particularmente as de baixo, populares), que efetivamente determinam a criação literária, continuam aguardando descobertas e às vezes permanecem totalmente desconhecidas dos pesquisadores. Sob semelhante enfoque é impossível penetrar nas profundezas das grandes obras, e a própria literatura começa a parecer algo pequeno e assunto desprovido de seriedade.

A tarefa a que me refiro e os problemas a ela vinculados (o problema das fronteiras de uma época como unidade cultural, o problema da tipologia das culturas, etc.) foram colocados com muita acuidade na discussão da literatura do barroco nos países eslavos e particularmente na discussão que ora prossegue sobre o Renascimento e o Humanismo nos países do Oriente; aqui se revelou com particular nitidez a necessidade de um estudo mais profundo do vínculo indissolúvel da literatura com a cultura de uma época.

Os notáveis trabalhos sobre literatura que mencionei — Conrad, Likhatchóv, Lotman e sua escola —, a despeito de toda a diferença de sua metodologia, têm em comum o fato de não separarem a literatura da cultura, procurando interpretar os fenômenos literários na unidade diferenciada de toda a cultura de uma época. Aqui cabe salientar que a literatura é um fenômeno complexo e por demais multifacetado, e a ciência da literatura ainda é excessivamente jovem para que se possa falar de um "método salvador único" nessa disciplina. Os *diferentes* enfoques se justificam e até são absolutamente necessários, contanto que sejam sérios e descubram alguma novidade no fenômeno literário estudado, e contribuam para uma interpretação[5] mais profunda desse fenômeno.

Passo à segunda tarefa. Se não se pode estudar a literatura isolada de toda a cultura de uma época, é ainda mais nocivo fechar o fenômeno literário apenas na época de sua criação, em sua chamada atualidade. Por hábito procuramos explicar um escritor e suas obras precisamente a partir de sua atualidade e do passado imediato (habitualmente no âmbito de uma época como a entendemos). Tememos nos distanciar temporalmente do fenômeno em estudo. Entretanto, uma obra remonta com suas raízes a um passado distante. As grandes obras da literatura são preparadas por séculos; na época de sua criação colhem-se apenas os frutos maduros do

---

[5] Do original *ponimánie*, cujo sinônimo imediato e mais usual é *istolkovánie*, isto é, interpretação. Também se usa em russo *tolkovánie* como interpretação ou explicação, e mais raramente a palavra *interpretátsia*, de origem latina. Minha opção por interpretação em vez de compreensão, mais próxima da hermenêutica, sobretudo a gadameriana, deve-se ao peso da cultura que Bakhtin insere no processo de interpretação e ao seu caráter dialógico, que resulta no enriquecimento da obra interpretada. Ademais, em se tratando de literatura, considero interpretação um termo mais apropriado que compreensão. Para maiores detalhes, ver meu posfácio a este volume. (N. do T.)

longo e complexo processo de amadurecimento. Quando tentamos interpretar e explicar uma obra apenas a partir das condições de sua época, das condições da época mais próxima, nunca penetramos nas profundezas dos seus sentidos. O fechamento em uma época não permite compreender a futura vida da obra nos séculos subsequentes; essa vida se apresenta como um paradoxo. As obras dissolvem as fronteiras da sua época, vivem nos séculos, isto é, no *grande tempo*, e além disso levam frequentemente (as grandes obras, sempre) uma vida mais intensa e plena do que em sua atualidade. *Grosso modo* e de forma mais simplificada: se o significado de alguma obra se reduzisse, por exemplo, ao seu papel na luta contra o feudalismo (é o que se costuma fazer na escola secundária em nosso país), semelhante obra deveria perder inteiramente o seu significado quando o feudalismo e os seus remanescentes deixassem a vida, mas amiúde a obra ainda aumenta o seu significado, isto é, entra no *grande tempo*. Entretanto, uma obra não pode viver nos séculos futuros se de certo modo não reúne em si também os séculos passados. Se ela nascesse *toda e integralmente* no presente (isto é, em sua atualidade), não desse continuidade ao passado e não mantivesse com ele um vínculo substancial, não poderia viver no futuro. Tudo o que pertence apenas ao presente morre com ele.

A vida das grandes obras nas épocas futuras e distantes, como já afirmei, parece um paradoxo. No processo de sua vida *post mortem* elas se enriquecem com novos significados, novos sentidos; é como se essas obras superassem o que foram na época de sua criação. Podemos dizer que nem o próprio Shakespeare nem os seus contemporâneos conheciam o "grande Shakespeare" que hoje conhecemos. É absolutamente impossível meter à força o nosso Shakespeare na época elisabetana. Outrora Bielínski já dizia que cada época sempre descobre algo de novo nas grandes obras do passado. Pois bem, introduzimos nas obras de Shakespeare coisas inventadas que não havia nelas, modernizamos e deturpamos o próprio? É claro que houve e haverá modernizações e deturpações. Contudo, não foi à custa delas que Shakespeare cresceu. Ele cresceu à custa daquilo que realmente houve e há em suas obras, mas que nem ele nem os seus contemporâneos foram capazes de perceber conscientemente e avaliar no contexto da cultura de sua época. Os fenômenos semânticos podem existir em forma latente, em forma potencial, e revelar-se apenas nos contextos dos sentidos culturais das épocas posteriores favoráveis a tal revelação. Os tesouros dos sentidos, introduzidos por Shakespeare em sua obra, foram criados e reunidos por séculos e até milênios: estavam escondidos na linguagem, e não só na literária como também em camadas da linguagem popular que antes de Shakespeare ainda não haviam penetrado na literatura, nos diversos gêneros e formas de comunicação verbalizada, nas formas da poderosa cultura popular (predominantemente nas formas carnavalescas) que se constituíram ao longo de milênios, nos gêneros do espetáculo teatral (dos mistérios, farsas, etc.), nos enredos que remontam com suas raízes à Antiguidade pré-histórica e, por último, nas formas de pensamento. Shakespeare, como qualquer artista, não construía suas obras a partir de elementos mortos nem de tijolos, mas de formas já saturadas de sentido, já plenas de sentido. Aliás, os tijolos também têm uma determinada forma espacial e, por conseguinte, expressam alguma coisa nas mãos um construtor.[6]

---

[6] Esse exemplo esclarece bem a fórmula abrangente do autor — "ser *expressivo e falante*" —, com a qual ele abrangeu o objeto e o campo do pensamento das ciências humanas; nesse ser comunga também "a coisa prenhe de palavra" em oposição à "coisa muda" (cf. as observações e as notas a "Por uma metodologia das ciências humanas"). O "ser *expressivo e falante*" — de Shakespeare aos tijolos nas mãos do construtor — pode-se dizer que era o tema mais importante e geral das reflexões de Bakhtin. (N. da E.)

Os gêneros têm um significado particularmente importante. Ao longo de séculos de sua vida, os gêneros (da literatura e do discurso) acumulam formas de visão e assimilação de determinados aspectos do mundo. Para o escritor-artesão, os gêneros servem como chavão externo, já o grande artista desperta neles as potencialidades de sentido jacentes. Shakespeare usou e inseriu em suas obras os imensos tesouros dos sentidos potenciais que em sua época não puderam ser descobertos e apreendidos em toda a sua plenitude. O próprio autor e os seus contemporâneos veem, conscientizam e avaliam antes de tudo aquilo que está mais próximo do seu dia de hoje. O autor é um prisioneiro de sua época, de sua atualidade. Os tempos posteriores o libertam dessa prisão, e a ciência da literatura tem a incumbência de ajudá-lo nessa libertação.

Do que acabamos de afirmar não se segue, em absoluto, que se possa ignorar inteiramente a época contemporânea do escritor, que a sua obra não possa ter irradiações no passado e projeções no futuro. A atualidade mantém o seu significado imenso e em muitos sentidos decisivo. A análise científica pode partir apenas dela e em seu subsequente desenvolvimento sempre deve ser verificada com base nela. Como já dissemos, uma obra de literatura se revela antes de tudo na unidade diferenciada da cultura da época de sua criação, mas não se pode fechá-la nessa época: sua plenitude só se revela no *grande tempo*.

Contudo, a cultura de uma época, por maior que seja o seu distanciamento temporal em relação a nós, também não pode ser fechada em si mesma como algo pronto, plenamente acabado, que se foi para sempre, como algo morto. As ideias de Spengler acerca dos mundos culturais fechados e acabados até hoje exercem grande influência sobre os historiadores e os estudiosos de literatura. Entretanto, essas ideias necessitam de corretivos substanciais. Spengler concebia a cultura de uma época como um círculo fechado. Mas a unidade de uma cultura é uma unidade *aberta*.

Cada unidade dessa natureza (por exemplo, a Antiguidade), a despeito de toda a sua singularidade, integra o processo único (embora não linear) de formação da cultura da humanidade. Em cada cultura do passado estão sedimentadas as imensas possibilidades semânticas que ficaram à margem das descobertas, não foram apreendidas nem utilizadas ao longo de toda a vida histórica de uma dada cultura. A própria Antiguidade desconhecia aquela Antiguidade que hoje conhecemos. Em nossa escola havia um chiste, o de que os gregos antigos desconheciam o mais importante sobre si mesmos: não sabiam que eram gregos *antigos*, e assim nunca se chamaram. Entretanto, essa distância temporal, que transformou os gregos em gregos *antigos*, tinha realmente um imenso significado transformador: na própria Antiguidade ela era plena de descobertas, de novos e novos valores *semânticos* que os gregos efetivamente desconheciam, ainda que os criassem. É preciso dizer que até o próprio Spengler, em sua magnífica análise da cultura antiga, soube descobrir nela novas profundezas semânticas; é verdade que ele inventou alguma coisa para acrescentar a ela com vistas a lhe dar maior arredondamento e acabamento, mas ainda assim ele também tomou parte na grande causa de libertar a Antiguidade do cativeiro do tempo.

Devemos salientar que aqui estamos falando de novas profundezas *do sentido*, jacentes no passado cultural das épocas, e não da ampliação dos nossos conhecimentos factuais, materiais sobre elas, continuamente obtidos por escavações arqueológicas, pelas descobertas de novos textos, pelo aperfeiçoamento da sua decodificação, pelas reconstruções, etc. Aqui se obtêm novos portadores materiais do sentido, por assim dizer, corpos do sentido. Entretanto, entre o corpo e o sentido não se pode traçar uma fronteira absoluta no campo da cultura; a cultura não é criada a partir de elementos mortos, pois, como já dissemos, nas mãos do construtor até um simples tijolo traduz alguma coisa com forma própria. Por

A ciência da literatura hoje

isso, as novas descobertas de portadores materiais do sentido introduzem corretivos nas nossas concepções de sentido e podem até exigir a sua reconstrução substancial.

Existe uma concepção muito vivaz, embora unilateral e por isso falsa, segundo a qual, para compreender melhor a cultura do outro, é preciso transferir-se para ela e, depois de ter esquecido a sua, olhar para o mundo com os olhos da cultura do outro. Como já afirmei, semelhante concepção é unilateral. É claro que certa compenetração da cultura do outro, a possibilidade de olhar para o mundo com os olhos dela é um elemento indispensável no processo de sua interpretação; entretanto, se a interpretação se esgotasse apenas nesse momento, ela seria uma simples dublagem e não traria consigo nada de novo e enriquecedor. A *interpretação criadora* não renuncia a si mesma, ao seu lugar no tempo, à sua cultura, e nada esquece. A grande causa para a interpretação é a *distância* do intérprete — no tempo, no espaço, na cultura — em relação àquilo que ele pretende interpretar de forma criadora. Isso porque o próprio homem não consegue perceber de verdade e assimilar integralmente sequer a sua própria imagem externa, nenhum espelho ou foto o ajudariam; sua autêntica imagem externa só pode ser vista e interpretada por outras pessoas, graças à distância espacial e ao fato de serem *outras*.

No campo da cultura, a distância[7] é a alavanca mais poderosa da interpretação. A cultura do outro só se revela com plenitude e profundidade (mas não em toda a plenitude, porque virão outras culturas que a verão e compreenderão ainda

---

[7] De *vnienakhodímost* (distância, distanciamento ou extralocalização), termo empregado por Bakhtin para designar a posição do intérprete (que neste caso ele chama de *supradestinatário*) em relação aos contextos culturais distantes, que ele interpreta de uma posição extralocalizada ou distante. Em meu posfácio o leitor encontra uma explicação mais ampla desse conceito e de sua origem. (N. do T.)

mais) aos olhos de *outra* cultura. Um sentido só revela as suas profundezas encontrando e contatando o outro, o sentido do outro: entre eles começa uma espécie de *diálogo* que supera o fechamento e a unilateralidade desses sentidos, dessas culturas. Colocamos para a cultura do outro novas questões que ela mesma não se colocava; nela procuramos resposta a essas questões, e a cultura do outro nos responde, revelando-nos seus novos aspectos, novas profundezas do sentido. Sem levantar *nossas* questões não podemos compreender nada do outro, do alheio, ou de modo criativo (é claro, desde que se trate de questões sérias, autênticas). Nesse encontro dialógico de duas culturas, elas não se fundem nem se confundem; cada uma mantém a sua unidade e a sua integridade *aberta*, mas elas se enriquecem mutuamente.

Quanto à minha avaliação das futuras perspectivas de desenvolvimento da nossa ciência da literatura, acho que elas são bastante boas, uma vez que dispomos de enormes potencialidades. Só nos falta a ousadia científica, investigatória, sem a qual não conseguiremos nos colocar nas alturas nem descer às profundezas.

A ciência da literatura hoje

Fragmentos dos anos 1970-1971[1]

A ironia entrou em todas as línguas da Idade Moderna (particularmente na francesa), entrou em todas as palavras e formas (sobretudo as sintáticas; por exemplo, a ironia destruiu a periodicidade desmedida e "empolada" do discurso). A ironia existe em toda parte — da ironia mínima, imperceptível, à estridente, que confina com o riso. O homem da Idade Moderna não proclama, mas fala, isto é, fala por ressalvas. Todos os gêneros proclamadores se conservam principalmente como partes paródicas ou semiparódicas da construção do romance. A linguagem de Púchkin é precisamente uma linguagem traspassada de ironia (em diferentes graus), a linguagem por ressalvas da Idade Moderna.

Os sujeitos do discurso dos gêneros elevados e proclamadores — os sacerdotes, os profetas, os pregadores, os juí-

[1] Fragmentos das anotações feitas pelo autor entre maio de 1970 e dezembro de 1971, quando morou na cidade de Klimóvsk, nos arredores de Moscou. Algumas anotações são esboços de trabalhos projetados (sobre o discurso do outro como objeto das ciências humanas, sobre as buscas do "próprio discurso" pelos artistas, sobre Gógol). Às vezes a anotação se refere apenas ao título do eventual trabalho: "Dostoiévski e o sentimentalismo. Uma tentativa de análise tipológica"; o título de "Esboços de uma antropologia filosófica" foi escrito também a partir de reflexões que testemunham o desejo do autor de voltar, em uma nova etapa, aos temas de seu trabalho inicial sobre o autor e a personagem. (N. da E.)
[Cabe observar que aparecem no texto muitas frases isoladas, algumas até descontextualizadas e sem desdobramento. Trata-se de esboços laboratoriais de ideias que Bakhtin pretendia desenvolver em futuros ensaios, mas não o fez. (N. do T.)]

zes, os chefes, os pais patriarcais, etc. saíram da vida. Foram todos substituídos pelo escritor, simplesmente pelo escritor, que se tornou herdeiro dos seus estilos. Ele ou os estiliza (isto é, assume a pose de profeta, de pregador, etc.) ou os parodia (em diferentes graus). Ele ainda precisa elaborar o seu estilo, o estilo de escritor. Esse problema ainda não existia para o aedo, o rapsodo, o trágico (o sacerdote de Dioniso) nem para o poeta cortesão da Idade Moderna. Ele dispunha até de ocasião: dos festejos de diferentes modalidades, dos cultos, dos banquetes. Até o discurso pré-romanesco tinha uma situação — festejos de tipo carnavalesco. Já o escritor carece de estilo e situação. Ocorreu a plena secularização da literatura. O romance, desprovido de estilo e situação, no fundo não é gênero; ele deve imitar (representar) quaisquer gêneros extraliterários: a narrativa de costumes, cartas, diários, etc.

O meandro específico da sobriedade, da simplicidade, do espírito democrático, da liberdade franca, inerente a todas as novas línguas. Com certas restrições pode-se dizer que todas elas (particularmente a francesa) derivaram dos gêneros populares e profanadores, que todas elas foram determinadas em certa medida pelo longo e complexo processo de expulsão da palavra sagrada do outro e, em geral, da palavra sagrada e autoritária com sua indubitabilidade, incondicionalidade, irrestritividade. A palavra com as suas fronteiras inexpugnáveis, sagradas, e por isso uma palavra inerte, com possibilidades limitadas de contatos e combinações. A palavra que inibe e bloqueia o pensamento. A palavra que exige repetição reverente e não um desenvolvimento sucessivo, correções e complementos. A palavra retirada do diálogo: ela pode ser apenas citada no interior das réplicas, mas ela mesma não pode se tornar uma réplica entre outras réplicas isônomas. Essa palavra se difundiu por toda parte, limitando, guiando e inibindo o pensamento e a experiência viva. Foi no processo de luta com essa palavra e de sua expulsão (por intermédio dos anticorpos paródicos) que se formaram as novas línguas. Cicatrizes das fronteiras da palavra do outro. Vestígios na estrutura sintática.

A índole do discurso sagrado (autoritário); as peculiaridades do seu comportamento no contexto da comunicação discursiva, bem como no contexto dos gêneros folclóricos (orais) e literários (sua inércia, sua exclusão do diálogo, sua capacidade extremamente limitada para combinações em geral e sobretudo com os discursos profanos, não sagrados, etc.) não são, evidentemente, determinações linguísticas desse discurso. São metalinguísticas. Também pertencem ao campo da metalinguística os diferentes tipos e graus de *alteridade* da palavra alheia e as diferentes formas de relação com ela (estilização, paródia, polêmica, etc.), os diversos meios de sua exclusão da vida do discurso. Entretanto, todos esses fenômenos e processos, particularmente o processo multissecular de exclusão do discurso sagrado do outro, têm seus reflexos (resíduos) também no aspecto linguístico da língua, em especial na estrutura sintática e léxico-semântica das novas línguas. A estilística deve ser orientada no estudo metalinguístico dos grandes acontecimentos (acontecimentos multisseculares) da vida do discurso dos povos. Os tipos de discurso, levando-se em conta as mudanças por culturas e épocas (por exemplo, dos nomes e apelidos, etc.).

* * *

O silêncio e o som. A percepção do som (no campo do silêncio). *O silêncio e o mutismo* (a ausência de palavras). A pausa e o começo da palavra. A violação do silêncio pelo som de modo mecânico e fisiológico (como condição da percepção); a violação do mutismo pela palavra de modo pessoal e consciente: esse é um mundo inteiramente outro. No silêncio nada ecoa (ou algo não ecoa), no mutismo *ninguém fala*. (Ou alguém não fala.) O mutismo só é possível no mundo humano (e só para o homem).

Fragmentos dos anos 1970-1971

É claro que tanto o silêncio como o mutismo são sempre relativos.

As condições de percepção do som, as condições de compreensão-inteiração[2] do signo, as condições da compreensão assimiladora da palavra.

O mutismo — o sentido consciente (a palavra) — e a pausa constituem uma logosfera específica, uma estrutura una e contínua, uma totalidade aberta (inacabável). A compreensão-inteiração dos elementos repetíveis do discurso (isto é, da língua) e a compreensão assimiladora de um enunciado singular. Cada elemento do discurso é percebido em dois planos: no plano da repetitividade da língua e no plano da não repetitividade do enunciado. Através do enunciado a língua comunga na não repetitividade histórica e na totalidade inacabada da logosfera. O discurso como meio (língua) e o discurso como assimilação. O discurso assimilador pertence ao reino dos fins. A palavra como fim último (supremo).

* * *

A índole cronotópica do pensamento artístico (particularmente do antigo). O ponto de vista é cronotópico e abrange tanto o elemento espacial quanto o temporal. A isto se vincula imediatamente o ponto de vista axiológico (hierárquico) (a relação com o alto e o baixo). O cronotopo de um acontecimento representado, o cronotopo do narrador e o cronotopo do autor (a última instância autoral). O espaço ideal e o espaço real nas artes plásticas. Um quadro sobre cavalete se encontra fora do espaço organizado (hierarquicamente), está suspenso no ar.

* * *

[2] "Inteiração" designa o processo de se inteirar de algo; não confundir com interação. (N. do T.)

A inadmissibilidade da monotonalidade (séria). A cultura da pluritonalidade. Os campos do tom sério. A ironia como forma de silêncio. A ironia (e o riso) como superação de uma situação, como elevação sobre ela. Só as culturas dogmáticas e autoritárias são unilateralmente sérias. A violência desconhece o riso. A análise de uma pessoa séria (medo ou ameaça). A análise de uma pessoa que ri. O lugar do patético. A passagem do patético para o esganiçado. A entonação de uma ameaça anônima no tom do locutor que transmite comunicados importantes. A seriedade amontoa as situações de impasse, o riso se coloca sobre elas, liberta delas. O riso não coíbe o homem, liberta-o.

A índole social e coral do riso, sua aspiração ao nacional e ao universal. As portas do riso estão abertas para todos e cada um. A indignação, a ira, a revolta são sempre unilaterais: excluem aquele contra quem se indignam, etc., provocam uma ira responsiva. Elas se dividem, ao passo que o riso só unifica, não pode dividir. O riso pode combinar-se com uma emotividade profundamente íntima (Sterne, Jean Paul e outros). Riso e festividade. A cultura do corriqueiro. O riso e o reino dos fins (já os meios são sempre sérios). Tudo autenticamente grande deve incorporar o elemento do riso. Caso contrário, torna-se ameaçador, terrificante ou empolado; em todo caso, torna-se limitado. O riso abre cancelas, faz o caminho livre.

O riso alegre, aberto, festivo. O riso fechado da sátira, meramente negativo. Não é um riso ridente. O riso de Gógol é alegre. Riso e liberdade. Riso e igualdade. O riso aproxima e familiariza. Não se pode implantar o riso, os festejos. A festa sempre é primordial ou sem primórdios.

Na cultura de múltiplos tons até os tons sérios soam de outro modo: sobre eles recaem os reflexos dos tons cômicos; eles não perdem a sua exclusividade e sua singularidade, são completados pelo aspecto do riso.

Fragmentos dos anos 1970-1971

O estudo da cultura (e desse ou daquele de seus campos) no nível de um sistema e em um nível mais alto de unidade orgânica: de uma unidade aberta, em formação, não resolvida nem previamente resolvida, capaz de morte e renovação, que transcende a si mesma (isto é, vai além de seus limites). A concepção da pluralidade de estilos de *Ievguêni Oniéguin* (cf. em Lotman)[3] acarreta a supressão do elemento *dialógico* mais importante e a transformação do diálogo de estilos em simples realização de diferentes versões da mesma coisa. Por trás do estilo está um ponto de vista integral de uma personalidade integral. O código pressupõe certa disposição do conteúdo e exequibilidade da escolha entre *dados* códigos.

O enunciado (produção de discurso) como um todo entra em um campo inteiramente novo da comunicação discursiva (como unidade desse novo campo), que não se presta à descrição e à definição nos termos e métodos da linguística e — mais amplamente — da semiótica. Esse campo é dirigido por uma lei específica e para ser estudado requer uma metodologia especial e, pode-se dizer francamente, uma ciência especial (uma disciplina científica). O enunciado enquanto totalidade não se presta a uma definição nos termos da linguística (e da semiótica). O termo "texto" não corresponde, em absoluto, à essência do enunciado integral.

Não pode haver enunciado isolado. Ele sempre pressupõe enunciados que o antecedem e o sucedem. Nenhum enunciado pode ser o primeiro ou o último. Ele é apenas o elo na cadeia e fora dessa cadeia não pode ser estudado. Entre os enunciados existem relações que não podem ser definidas em

---

[3] Cf. Iúri M. Lotman, "O problema dos significados nos sistemas modelares secundários", *Trabalhos sobre Sistemas de Signos*, nº 2, Tartu, 1965, pp. 22-37. A discordância de Bakhtin com o recente estruturalismo soviético continua nas notas a "Por uma metodologia das ciências humanas". (N. da E.)

categorias nem mecânicas nem linguísticas. Não há analogias com eles.

A abstração em relação aos elementos extratextuais, mas não de outros textos vinculados a um texto dado na cadeia da comunicação discursiva. A socialidade interior. O encontro de duas consciências no processo de interpretação e estudo do enunciado. A índole personalista das relações entre os enunciados. A definição de enunciado e de suas fronteiras. Segunda consciência e metalinguagem. A metalinguagem não é apenas um código, sempre se refere dialogicamente à linguagem que descreve e analisa. A posição do experimentador e do observador na teoria quântica. A presença dessa posição ativa muda a sua situação e, por conseguinte, os resultados do experimento. Já é de todo diferente o acontecimento que tem um observador, por mais distante, oculto e passivo que seja. (Veja-se o "visitante misterioso" de Zossima.[4]) A questão da segunda consciência nas ciências humanas. As perguntas (enquetes) que mudam a consciência do interrogado.

A inesgotabilidade da segunda consciência, isto é, da consciência do que compreende e responde: nele reside a infinitude potencial das respostas, das linguagens, dos códigos. A infinitude contra a infinitude.

[...]

A delimitação benevolente e depois a cooperação. Em vez de descobrir a veracidade (positiva) relativa (parcial) das suas teses e do seu ponto de vista, os indivíduos procuram — e com isso perdem todas as suas forças — refutar e destruir inteiramente o seu adversário, tendem para a destruição total do ponto de vista do outro.

[...]

Nenhuma corrente científica (nem charlatona) é total, e nenhuma corrente se manteve em sua forma original e imu-

---

[4] O *stárietz* Zossima, chefe espiritual do mosteiro no romance de Dostoiévski *Os irmãos Karamázov*. (N. do T.)

Fragmentos dos anos 1970-1971

tável. Não houve uma única época na ciência em que tenha *existido* apenas uma única corrente (embora quase sempre tenha existido uma corrente dominante). Não se pode nem falar de *ecletismo*: a *fusão* de todas as correntes em uma única seria mortal para a ciência (se a ciência fosse mortal). Quanto mais delimitação, melhor, desde que sejam delimitações benevolentes. Sem brigas na linha de delimitação. Cooperação. Existência de zonas fronteiriças (nestas costumam surgir novas correntes e disciplinas).

A testemunha e o juiz. Com o surgimento da consciência no mundo (na existência) e, talvez, com o surgimento da vida biológica (é possível que não só os animais como também as árvores e a relva testemunhem e julguem), o mundo (a existência) muda radicalmente. A pedra continua pétrea, o sol, solar, mas o acontecimento da existência no seu todo (inacabável) se torna inteiramente distinto porque pela primeira vez aparecem na cena da existência terrestre as personagens novas e principais do acontecimento — a testemunha e o juiz. Até o sol, que mesmo permanecendo fisicamente o mesmo, tornou-se outro porque passou a ser conscientizado pela testemunha e pelo juiz. Ele deixou de apenas existir, porque passou a existir em si e para si (essas categorias surgiram aí pela primeira vez) e para o outro, porque se refletiu na consciência do outro (da testemunha e do juiz): com isso ele mudou radicalmente, enriqueceu e transformou-se. (Não se trata do "ser no outro".[5])

Não se pode interpretar isso como o ser (a natureza) passando a tomar consciência de si no homem, passando a se autorrefletir. Neste caso o ser continuaria consigo mesmo, passaria apenas a dublar a si mesmo (ficaria *sozinho* tal qual

---

[5] Tradução russa do alemão *Anderssein*, categoria da dialética hegeliana, que em russo aparece ora como "ser no outro", ora como "ser em outra forma", ora como "ser no diferente", e com a qual Bakhtin sustenta uma polêmica velada quando teoriza a relação eu-outro. (N. do T.)

fora o mundo antes do surgimento da consciência — da testemunha e do juiz). Não, surgiu algo absolutamente novo, surgiu o *supra-ser*. Nesse supra-ser já não existe nenhuma faceta do ser, mas o ser existe nele e para ele.

Isso é análogo à questão da autoconsciência do homem. Quem conscientiza coincide com o conscientizável? Noutros termos, ficaria o homem apenas consigo, ou seja, a sós? Será que aí não muda radicalmente todo o acontecimento da existência do homem? É o que realmente acontece. Aqui surge algo absolutamente novo: o supra-homem, o supra-*eu*, isto é, a testemunha e o juiz do homem *total* (do *eu* total); logo, já não é o homem, já não é o *eu*, mas o *outro*. O reflexo de mim mesmo no outro empírico, através do qual preciso passar para sair na direção do *eu-para-mim* (poderia esse *eu-para-mim* ser só?). A liberdade absoluta desse *eu*. Mas essa liberdade não pode modificar um ser, por assim dizer, em termos materiais (aliás, nem pode querer tal coisa) — ela pode mudar apenas o *sentido* do ser (reconhecer, justificar, etc.); é a liberdade da testemunha e do juiz. Ela se traduz na *palavra*. A verdade, o veraz não são inerentes ao próprio ser, mas apenas ao ser conhecido e proclamado.

A questão da liberdade relativa, isto é, de uma liberdade que permanece no ser e muda a composição do ser, mas não seu sentido. Essa liberdade muda a existência material e pode se tornar violência quando separada do sentido e convertida em uma força material grosseira e pobre. A criação está sempre vinculada à mudança do sentido e não pode se tornar força material pobre.

Admitamos que a testemunha possa ver e conhecer apenas um cantinho insignificante do ser — todo o ser não conhecido e não visto por ela muda de qualidade (sentido) ao tornar-se um ser não conhecido e não visto, e não simplesmente o ser como ele era sem relação com a testemunha.

Tudo o que me diz respeito, a começar pelo meu nome, chega do mundo exterior à minha consciência pela boca dos outros (da minha mãe, etc.), com a sua entonação, em sua tonalidade valorativo-emocional. A princípio eu tomo consciência de mim através dos outros: deles eu recebo as palavras, as formas e a tonalidade para a formação da primeira noção de mim mesmo. Os elementos de infantilismo da autoconsciência ("Será que um tipo assim mamãe amaria...")[6] às vezes permanecem até o fim da vida (a concepção e a noção de mim mesmo, do meu corpo, do meu rosto e do passado em tons carinhosos). Como o corpo se forma inicialmente no seio (corpo) materno, assim a consciência do homem desperta envolvida pela consciência do outro. Mais tarde ele começa a adequar a si mesmo as palavras e categorias neutras, isto é, a definir a si mesmo como homem independentemente do *eu* e do *outro*.

Três tipos de relações:

1) Relações entre os objetos: entre coisas, entre fenômenos físicos, fenômenos químicos; relações causais, relações matemáticas, lógicas, relações linguísticas, etc.;

2) Relações entre o sujeito e o objeto;

3) Relações entre sujeitos — as relações pessoais, as relações personalistas: relações dialógicas entre enunciados, relações éticas, etc. Aí se situam quaisquer vínculos semânticos personificados. As relações entre consciências, verdades, influências mútuas, a aprendizagem, o amor, o ódio, a mentira, a amizade, o respeito, a reverência, a confiança, a desconfiança, etc.

Mas se as relações são despersonificadas (entre enunciados e estilos no enfoque linguístico, etc.), passam para o primeiro tipo. Por outro lado, é possível a personificação de

---

[6] Do poema "Diante do espelho" (1942), de Vladislav F. Khodassiêvitch (1886-1939): "Eu, eu, eu. Que terrível palavra!/ Serei eu mesmo isso/ Será que um tipo assim mamãe amava/ Amarelo-cinza, meio calvo/ E sabichão como a serpente?". (N. da E.)

muitas relações objetificadas e a sua passagem para o terceiro tipo. Coisificação e personificação.

Definição de sujeito (pessoa) nas relações entre sujeitos: concretude (nome), integridade, responsividade, etc., inesgotabilidade, inconclusibilidade, abertura.

Transições e confusão dos três tipos de relações. Por exemplo, um estudioso da literatura discute (polemiza) com o autor ou o herói e ao mesmo tempo *explica-o* como inteiramente determinado em termos causais (sociais, psicológicos, biológicos). Ambos os pontos de vista se justificam, mas em determinados limites metodológicos conscientes e livres de confusão. Não se pode proibir um médico de trabalhar com cadáveres sob o mesmo fundamento de que ele deve curar não os mortos, mas os vivos. A análise mortificante é totalmente justificada em seus limites. Quanto melhor o homem compreende a sua determinidade (a sua materialidade), tanto mais se aproxima da compreensão e da realização de sua verdadeira liberdade.

A despeito de toda a sua complexidade e toda a sua índole contraditória em comparação com Stavróguin, Pietchórin[7] parece inteiro e ingênuo. Ele não provou da árvore do conhecimento. Antes de Dostoiévski, nenhuma personagem da literatura russa havia provado da árvore do bem e do mal. Por isso, no âmbito do romance eram possíveis uma poesia ingênua e integral, uma lírica, uma paisagem poética. Elas (as personagens antes de Dostoiévski) ainda tinham acesso a fragmentos (cantinhos) do paraíso terrestre, do qual as personagens de Dostoiévski foram expulsas de uma vez por todas.

* * *

[7] Stavróguin é personagem central do romance *Os demônios* de Dostoiévski; Pietchórin é protagonista do romance de Mikhail Liérmontov *O herói do nosso tempo*. Até certo ponto, Pietchórin pode ser considerado uma espécie de protótipo de Stavróguin. (N. do T.)

Fragmentos dos anos 1970-1971

A estreiteza dos horizontes históricos da nossa ciência da literatura. O fechamento na época mais próxima. A indefinição (metodológica) da própria categoria de época. Nós explicamos o fenômeno a partir de sua atualidade e do passado imediato (no âmbito de uma "época"). No primeiro plano temos o *pronto* e o *acabado*. Até na Antiguidade destacamos o pronto e o acabado, mas não o que germinou, o que está em desenvolvimento. Não estudamos os embriões pré-literários da literatura (na linguagem e no ritual). A concepção estreita ("especializada") do específico. Possibilidade e necessidade. Dificilmente se poderia falar de necessidade em ciências humanas. Em termos científicos, aqui só se podem descobrir as *possibilidades* e a *realização* de uma delas. O repetível e o não repetível.

Viernádski[8] sobre a lenta formação histórica das categorias fundamentais (tanto científicas quanto artísticas). A literatura, em sua etapa histórica, já encontrou tudo pronto: prontas estavam as línguas, prontas estavam as formas basilares de visão e pensamento. Contudo, elas continuam a se desenvolver ainda que lentamente (no âmbito de uma época não é possível acompanhá-las). A relação da ciência da literatura com a história da cultura (a cultura como integridade e não como somas de fenômenos). A literatura é parte inalienável da integridade da cultura, ela não pode ser estudada fora do contexto integral da cultura. Não pode ser separada do restante da cultura e correlacionada imediatamente (passando por cima da cultura) com fatores socioeconômicos e outros. Esses fatores agem sobre a cultura em sua integridade, e só através dela, e com ela sobre a literatura. O processo literário é parte inalienável do processo cultural.

Do infinito mundo da literatura, a ciência (e a consciência cultural) do século XIX destacou apenas um pequeno

---

[8] Vladímir Viernádski (1863-1945), mineralogista e geoquímico russo, pioneiro no estudo das ciências ambientais. (N. do T.)

mundinho (e nós o estreitamos ainda mais). O Oriente quase não esteve representado nesse mundinho. O mundo da cultura e da literatura é, em essência, tão ilimitado quanto o universo. Não estamos falando de sua amplitude geográfica (aqui ela é limitada) mas das profundas idades dos seus sentidos, as quais são tão insondáveis quanto as profundezas da matéria. A infinita diversidade de interpretações, imagens, combinações figuradas dos sentidos, de materiais e de suas interpretações, etc. Nós o restringimos terrivelmente por meio de seleção e modernização do material selecionado. Empobrecemos o passado e não nos enriquecemos. Ficamos sufocados na prisão das interpretações estreitas e do mesmo tipo.

As linhas mestras do desenvolvimento da literatura, que preparam esse ou aquele escritor, essa ou aquela obra nos séculos (e entre diferentes povos). Conhecemos apenas o escritor, a sua visão de mundo e a sua atualidade. *Ievguêni Oniéguin* foi escrito no decorrer de sete anos. Foi assim que aconteceu. Entretanto, foram os séculos (e talvez até milênios) que o prepararam e o tornaram possível. Subestimam-se completamente realidades tão grandes da literatura, como os gêneros.

[...]

A questão do *tom* na literatura (o riso e as lágrimas e seus derivados). A questão da tipologia (a unidade limitada dos motivos e imagens). A questão do realismo sentimental (diferentemente do romantismo sentimental; Vesselóvski).[9] O significado das lágrimas e da tristeza como visão de mundo. O aspecto lacrimal do mundo. A compaixão. A revelação

---

[9] Cf. A. N. Vesselóvski, *V. A. Jukóvski: poesia do sentimento e da "imaginação afetiva"*, São Petersburgo, 1904. Jukóvski é interpretado no livro como poeta predominantemente sentimentalista, "o único poeta de verdade na época da nossa sensibilidade" (p. 46, que foi afetado apenas pelas "tendências do romantismo"). (N. da E.)

desse aspecto em Shakespeare (um conjunto de motivos). Os franciscanos espirituais.[10] Sterne. O culto da fraqueza, do desamparo, da bondade, etc. — animais, crianças, mulheres fracas, os imbecis e idiotas, uma florzinha, tudo o que é pequeno. A visão de mundo naturalista, o pragmatismo, o utilitarismo e o positivismo criam uma seriedade monótona e cinzenta. O empobrecimento dos tons na literatura universal. Nietzsche e a luta contra a compaixão. O culto da força e do triunfo. A compaixão humilha o homem, etc. A verdade não pode triunfar e vencer. Elementos de sentimentalismo em Romain Rolland. As lágrimas (paralelamente ao riso) como situação limítrofe (quando está excluída a ação prática). As lágrimas (e o sentimentalismo) são antioficiais. O ânimo burocrático. A mania de bravura. Os matizes burgueses do sentimentalismo. A fraqueza intelectual, a tolice, a banalidade (Emma Bovary e a compaixão por ela, os animais). A degenerescência em afetação. O sentimentalismo na lírica e nas partes líricas do romance. Elementos de sentimentalismo no melodrama. O idílio sentimental. Gógol e o sentimentalismo. Turguêniev. Grigórovitch. A descrição sentimental do cotidiano. A apologia sentimental da vida familiar. O romance sensualista. Compaixão, pena, enternecimento. Farsa. Os carrascos sentimentais. As complexas combinações da carnavalidade com o sentimentalismo (Sterne, Jean Paul e outros). Há determinados aspectos da vida e do homem que podem ser interpretados e justificados unicamente no aspecto sentimental; este não pode ser universal e cósmico. Ele restringe o mundo, torna-o pequeno e isolado. O *páthos* do pequeno e do privado. O caráter íntimo do sentimentalismo. Alphon-

---

[10] Seguidores mais radicais de São Francisco de Assis, também conhecidos como *fraticelli*. Tudo indica que Bakhtin tem em vista sobretudo o poeta religioso Iacopone da Todi, espiritual zeloso cujos poemas em italiano popular traduzem com uma perspicácia inédita o motivo da compaixão pelos tormentos de Cristo e da Virgem Maria. (N. da E.)

se Daudet. O tema do "funcionário pobre" na literatura russa. A renúncia às grandes abrangências espaço-temporais históricas. A fuga para o micromundo das simples vivências humanas. Viagem sem viagem (Sterne). Reação ao heroísmo neoclássico e ao racionalismo iluminista. O culto do sentimento. Reação ao realismo crítico de grandes proporções. Rousseau e o werterismo na literatura russa.

* * *

A falsa tendência a reduzir tudo a uma única consciência, a dissolver nela a consciência do outro (do intérprete). *As vantagens essenciais da distância* (espacial, temporal, nacional). Não se pode entender a interpretação como empatia e colocação de si mesmo no lugar do outro (a perda do próprio lugar). Isto só é exigido para os elementos periféricos da interpretação. Não se pode entender a interpretação como passagem da linguagem do outro para a minha linguagem.

* * *

Compreender o texto tal qual o próprio autor o compreendia. Mas a interpretação[11] pode e deve ser melhor. A criação poderosa e profunda é, em muitos aspectos, inconsciente e polissêmica. Na interpretação ela é completada pela consciência e descobre-se a diversidade dos seus sentidos. Assim, a interpretação completa o texto: ela é ativa e criadora.

---

[11] Como neste parágrafo Bakhtin define sua concepção de interpretação como atividade cultural criadora, recriadora e axiológica, optei pelo termo interpretação por ser o mais correto e adequado a um melhor entendimento do leitor de língua portuguesa, ainda que Bakhtin empregue a mesma palavra *ponimánie* para esses dois conceitos profundamente imbricados. Traduzo *ponimánie* por compreensão quando o contexto sugere seu emprego *stricto sensu* ou quando Bakhtin trata de seu uso por Dilthey e outros hermeneutas. Ver nota 5 em "A ciência da literatura hoje" e meu posfácio. (N. do T.)

Fragmentos dos anos 1970-1971

A interpretação criadora continua a criação, multiplica a riqueza artística da humanidade. A cocriação dos intérpretes. Interpretação e avaliação. É impossível uma interpretação sem avaliação. Não se pode separar interpretação e avaliação: elas são simultâneas e constituem um ato único integral. O intérprete enfoca a obra com sua visão de mundo já formada, de seu ponto de vista, de suas posições. Em certa medida, essas posições determinam a sua avaliação, mas neste caso elas mesmas não continuam imutáveis: sujeitam-se à ação da obra, que sempre traz algo novo. Só sob uma inércia dogmática da posição não se descobre nada de novo em uma obra (aí, o dogmático continua com o mesmo conhecimento anterior, não pode se enriquecer). O intérprete não pode excluir a possibilidade de mudança e até de renúncia aos seus pontos de vista e posições já prontos. No ato da compreensão desenvolve-se uma luta cujo resultado é a mudança mútua e o enriquecimento.[12]

O *encontro* com os grandes como algo que determina, obriga e vincula é o momento supremo da compreensão. O encontro e a comunicação em Karl Jaspers (*Philosophie*, 2 vols., Berlim, 1932).[13]

A concordância-discordância ativa (quando não resolvida dogmaticamente de antemão) estimula e aprofunda a compreensão, torna a palavra do outro mais elástica e mais pessoal, não admite dissolução mútua e mescla. Separação

---

[12] Essa é uma questão essencial na teoria bakhtiniana da interpretação como diálogo entre o sujeito cognoscente e o objeto cognoscível: ao término do processo os dois não são mais os mesmos que o iniciaram. Cada um saiu enriquecido. (N. do T.)

[13] "Comunicação" é o conceito central do filósofo existencialista alemão Karl Jaspers (1883-1969). Comunicação é um íntimo convívio pessoal "no interior da verdade", e Jaspers a promove em si mesma a critério de verdade filosófica: o pensamento é verdadeiro na medida em que contribui para a comunicação. (N. da E.)

precisa de duas consciências, da sua contraposição e da sua inter-relação.

A compreensão dos elementos repetíveis e não repetíveis do todo. Inteiração e encontro com o novo, o desconhecido.

Esses dois momentos (a inteiração do repetível e a descoberta do novo) devem estar fundidos indissoluvelmente no ato vivo da compreensão: porque a não repetitividade do todo está refletida também em cada elemento repetível, coparticipante do todo (por assim dizer, é repetível-não repetível). A diretriz exclusiva na inteiração, na busca apenas do conhecido (do que já existiu) não permite descobrir o novo (isto é, o principal, a totalidade não repetível). A metodologia da explicação e da interpretação se reduz com muita frequência a essa descoberta do repetível, à inteiração do já conhecido, e se percebe o novo o faz apenas em forma extremamente empobrecida e abstrata. Neste caso, evidentemente, desaparece por completo a personalidade individual do criador (falante). *Todo o repetível e reconhecido se dissolve completamente e é assimilado pela consciência de um intérprete: na consciência do outro ele é capaz de ver e interpretar apenas a sua própria consciência.*

* * *

Por palavra do outro[14] (enunciado, produção de discurso) eu entendo qualquer palavra de qualquer outra pessoa, dita ou escrita na minha própria língua ou em qualquer outra língua, ou seja, é qualquer outra palavra *não minha.* Nes-

---

[14] As observações sobre a "palavra do outro" se referem a um artigo que o autor projetara para a revista *Questões de Filosofia*; nos apontamentos de 1970-1971 foram esboçadas duas variantes para o seu título: "A palavra do outro como objeto específico de pesquisa das ciências humanas" e "O problema da palavra do outro (do discurso do outro) na cultura e na literatura". Nos ensaios sobre metalinguística, a epígrafe sobre *Fausto* provavelmente foi escrita de memória: "Was ihr den Geist der Zeiten nennt..." ("É aquilo que se chama espírito do tempo..."). (N. da E.)

Fragmentos dos anos 1970-1971

te sentido, todas as palavras (enunciados, produções de discurso e literárias), além das minhas próprias, são palavras do outro. Eu vivo em um mundo de palavras do outro. E toda a minha vida é uma orientação nesse mundo; é reação às palavras do outro (uma reação infinitamente diversificada), a começar pela assimilação delas (no processo de domínio inicial do discurso) e terminando na assimilação das riquezas da cultura humana (expressas em palavras ou em outros materiais semióticos). A palavra do outro coloca diante do indivíduo a tarefa especial de compreendê-la (essa tarefa não existe em relação à minha própria palavra ou existe em seu sentido outro). Para cada indivíduo, essa desintegração de todo o expresso na palavra em um pequeno mundinho das suas palavras (sentidas como suas) e o imenso e infinito mundo das palavras do outro são o fato primário da consciência humana e da vida humana, que, como tudo o que é primário e natural, até hoje tem sido pouco estudado (apreendido), pelo menos não foi apreendido em seu imenso significado essencial. A enorme importância disso para o indivíduo, para o *eu* do homem (em sua índole ímpar). As complexas relações de reciprocidade com a palavra do outro em todos os campos da cultura e da atividade completam toda a vida do homem. Entretanto, não foram estudadas nem a palavra no corte dessa relação de reciprocidade nem o *eu* do falante na mesma inter-relação.

Para cada indivíduo, todas as palavras se dividem nas suas próprias palavras e nas do outro, mas as fronteiras entre elas podem confundir-se, e nessas fronteiras desenvolve-se uma tensa luta dialógica. Entretanto, nós afastamos, abstraímos essa questão quando estudamos uma língua e os diversos campos da criação ideológica, pois existe a posição abstrata do *terceiro*, que se identifica com a "posição objetiva" como tal, com a posição de qualquer "conhecimento científico". A posição do terceiro é plenamente justificada onde um indivíduo pode colocar-se no lugar do outro, onde o homem é perfeitamente substituível, e isso só é possível e justificável em situações e na solução de questões em que não se faz necessária a personalidade integral e ímpar do homem, isto é, onde o homem, por assim dizer, se especializa, exprimindo apenas uma parte de sua personalidade separada do todo, onde ele não atua como *eu mesmo* mas "como engenheiro", "como físico", etc. No campo do conhecimento científico abstrato e do pensamento abstrato, é possível essa substituição (mas também neste caso talvez só até certo ponto) do homem pelo homem, isto é, a abstração em relação ao *eu* e ao *tu*. Na vida enquanto objeto do pensamento (abstrato) existe o homem em geral, existe o terceiro, mas na própria vida vivenciável existimos apenas *eu, tu, ele*, e só nela se revelam (existem) realidades primárias como *minha palavra* e a *palavra do outro* e, de modo geral, aquelas realidades primárias que ainda não se prestam ao conhecimento (abstrato, generalizador) e por isso não são percebidas por ele.

[...]

O complexo acontecimento do encontro e da interação com a palavra do outro tem sido quase totalmente ignorado pelas respectivas ciências humanas (a começar pela ciência da literatura). As ciências do espírito; seu objeto não é um, mas dois "espíritos" (o que é estudado e o que estuda, que não devem se fundir em um só espírito). O verdadeiro objeto é a inter-relação e a interação dos "espíritos".

A tentativa de compreender a interação com a palavra do outro por meio da psicanálise e do "inconsciente coletivo". Aquilo que os psicólogos (predominantemente os psiquiatras) descobrem existiu algum dia; não se manteve no inconsciente (ainda que no coletivo), mas se consolidou na memória das línguas, dos gêneros, dos rituais; daí ele penetra nos discursos e nos sonhos (narrados, conscientemente lembrados) dos homens (dotados de determinada constituição psíquica e situados em um determinado estado). O papel da psicologia e da chamada psicologia da cultura.

Fragmentos dos anos 1970-1971

A primeira tarefa é compreender uma obra da mesma maneira como a compreendeu o próprio autor sem sair dos limites da compreensão dele. A solução dessa tarefa é muito difícil e costuma exigir a mobilização de um imenso material. A segunda tarefa é utilizar a sua distância (*vnienokhodímost*) temporal e cultural. Inclusão no nosso (alheio para o autor) contexto.

[...]

Diferença entre as ciências humanas e as naturais. Recusa à fronteira indefinida. Sua contraposição (Dilthey, Rickert)[15] foi refutada pelo desenvolvimento subsequente das ciências humanas. A introdução de métodos matemáticos e outros é um processo irreversível mas, ao mesmo tempo, desenvolvem-se e devem desenvolver-se métodos específicos, a especificidade (por exemplo, o enfoque axiológico) em linhas gerais. A distinção rigorosa entre compreensão e estudo científico.

A falsa ciência baseada na comunicação não vivenciada, isto é, sem o dado primário do objeto autêntico. O grau de perfeição desse dado (do vivenciamento autêntico da arte). A análise científica em baixo grau será de índole inevitavelmente superficial ou mesmo falsa.

A palavra do outro deve transformar-se em minha-alheia (ou alheia-minha). A distância — *distantsiia (vnienakhodímost)*[16] — e o respeito. No processo da comunicação dia-

---

[15] Dilthey elaborou as fundamentações das "ciências do espírito" no que as distingue de "ciência da natureza" ("Einleitung in die Geisteswissenschaften"). O método das "ciências do espírito" é a "compreensão" (à diferença da "explicação" causal nas ciências naturais), que coincide com a vivência assimilada, significativa; de modo correspondente, os métodos do conhecimento do espírito — a "hermenêutica" de Dilthey — coincidem com os métodos da "compreensão da psicologia". Rickert contrapunha os métodos individualizadores das "ciências da cultura" aos métodos generalizadores das ciências naturais. (N. da E.)

[16] Bakhtin explicita seu conceito de *vnienakhodímost* ao transcrever

lógica com o *objeto*, este se transforma em *sujeito* (o outro eu).

Simultaneidade do vivenciamento da arte e do estudo da ciência. Não se pode fragmentá-los, mas eles passam nem sempre simultaneamente por diferentes estágios e graus.

[...]

Chamo sentidos às *respostas* a perguntas. Aquilo que não responde a nenhuma pergunta não tem sentido para nós.

É possível não só a compreensão de uma individualidade única e ímpar, é possível a compreensão também de uma causalidade individual.

* * *

A índole responsiva do sentido. O sentido sempre responde a certas perguntas. Aquilo que a nada responde se afigura sem sentido para nós, afastado do diálogo. Sentido e significado. O significado está separado do diálogo, mas abstraído dele de modo deliberado e convencional. Nele existe uma potência de sentido.

O universalismo do sentido, sua universalidade e perenidade.

O sentido é potencialmente infinito, mas só pode atualizar-se em contato com outro sentido (do outro), ainda que seja com uma pergunta do discurso interior do sujeito da compreensão. Ele sempre deve contatar com outro sentido para revelar os novos elementos da sua perenidade (como a palavra revela os seus significados somente no contexto). Um sentido atual não pertence a um sentido (isolado), mas tão

---

em russo a palavra latina *distantia* e, ao lado, entre parênteses, inserir seu próprio conceito russo. Devido à primeira tradução de *Estética da criação verbal* no Brasil, feita do francês, o termo se consagrou por aqui como *exotopia*. Ao traduzir essa obra do original russo para o português, usei distância ou distanciamento para *vnienakhodímost*. Ver uma explicação mais completa em meu posfácio. (N. do T.)

Fragmentos dos anos 1970-1971

somente a dois sentidos que se encontraram e se contataram. Não pode haver "sentido em si" — ele só existe para outro sentido, isto é, só existe com ele. Não pode haver um sentido único (um só). Por isso não pode haver o primeiro nem o último sentido, ele está sempre situado entre os sentidos, é um elo na cadeia dos sentidos, a única que pode ser real em sua totalidade. Na vida histórica, essa cadeia cresce infinitamente e por isso cada elo seu isolado se renova mais e mais, como que torna a nascer.

O sistema impessoal das ciências (e do conhecimento em geral) e a totalidade orgânica da consciência (ou do indivíduo).

* * *

A questão do falante (do homem, do sujeito do discurso, do autor do enunciado, etc.). A linguística conhece apenas o sistema da língua e o texto. Entretanto, todo enunciado, até uma saudação padronizada, tem uma determinada forma de autor (e de destinatário).

* * *

Esboços de uma antropologia filosófica.

Minha imagem de mim mesmo. Qual é a índole da concepção de mim mesmo, do meu *eu* em seu todo? Em que ele se distingue essencialmente da minha concepção do *outro*? A imagem do *eu* ou o conceito, ou o vivenciamento, a sensação, etc. A espécie de ser dessa imagem. Qual é a composição dessa imagem (como a integram, por exemplo, as concepções sobre o meu corpo, a minha aparência, o meu passado, etc.). O que compreendo por *eu* quando falo e vivencio: "eu vivo", "eu morro", etc. ("eu sou", "eu não existirei", "eu não existi"). Eu-para-mim e eu-para-o-outro, o outro-para-mim. O que em mim é dado imediatamente e o que é dado apenas através do outro. O mínimo e o máximo — a autossensação primitiva e a complexa autoconsciência. Mas o máximo desenvolve aquilo que já estava jacente no mínimo. O desenvolvimento histórico da autoconsciência. Ele está ligado ao desenvolvimento dos recursos semióticos da expressão (acima de tudo da língua). A história da autobiografia (Misch).[17] A composição heterogênea da minha imagem. O homem no espelho. O *não eu* em mim, isto é, o ser em mim, algo maior do que eu em mim. Em que medida é possível unificar o *eu* e o *outro* em uma imagem neutra do homem. Os sentimentos só são possíveis pelo outro (por exemplo, o amor) e os sentimentos só são possíveis por mim mesmo (por exemplo, o amor-próprio, a autoabnegação, etc.). A mim não são dadas as minhas fronteiras temporais e espaciais, mas o outro me é dado integralmente. Eu vivo em um mundo espacial, neste sempre se encontra o outro. As diferenças de espaço e de tempo do *eu* e do *outro*. Elas existem na sensação viva mas o pensamento abstrato as oblitera. O pensamento cria um mundo único e geral do homem independentemente do *eu* e do *outro*. Na autossensação primitiva natural o *eu* e o *outro* estão fundidos. Aqui ainda não existe o egoísmo nem o altruísmo.

O *eu* se esconde no *outro* e nos *outros*, quer ser apenas outro para os outros, entrar até o fim no mundo dos outros como outro, livrar-se do fardo de *eu* único (*eu-para-mim*) no mundo.

* * *

A semiótica se ocupa predominantemente da transmissão da comunicação pronta com o auxílio de um código pronto. Já no discurso vivo, a comunicação é, a rigor, criada pela primeira vez no processo de transmissão e em realidade

---

[17] Cf. Georg Misch, *Geschichte der Autobiographie*, Leipzig e Berlim, 1907. (N. da E.)

Fragmentos dos anos 1970-1971

não existe nenhum código. A alternância do código do discurso interior (Jínkin).[18]

* * *

Diálogo e dialética. No diálogo liberam-se as vozes (a parte das vozes), liberam-se as entonações (pessoais-emocionais), das palavras e réplicas vivas extirpam-se os conceitos e juízos abstratos, mete-se tudo em uma consciência abstrata — e assim se obtém a dialética.

* * *

Contexto e código. O contexto é potencialmente inacabável, o código deve ser acabado. O código é apenas um meio técnico de informação, não tem importância cognitiva criadora. O código é um contexto deliberadamente estabelecido, amortecido.

* * *

À procura da própria voz (do autor).[19] Personificar-se, tornar-se mais definido, tornar-se menor, mais limitado, mais tolo. Não ficar na tangente, irromper no círculo da vida, tornar-se gente entre as gentes. Abandonar os subterfúgios, abandonar a ironia. Gógol também procurou a palavra séria, o campo sério: persuadir (ensinar) e, por conseguinte, ser pessoalmente persuadido. A ingenuidade, a extrema inexperiência de Gógol no *sério*; por isso lhe parece necessário superar o riso. Salvação e transfiguração das personagens cômicas. O direito ao discurso sério. Não pode haver discurso separado do falante, de sua situação, de sua relação com o ouvinte

---

[18] Cf. N. I. Jínkin, "Os códigos da tradução no discurso interior", *Questões de Linguística*, n° 6, 1964. (N. da E.)

[19] O trabalho projetado sobre esse tema devia basear-se principalmente na análise do *Diário de um escritor* de Dostoiévski em correspondência com os seus romances. (N. da E.)

e das situações que os vinculam (o discurso do líder, do sacerdote, etc.). O discurso do homem privado. O poeta. O prosador. O "escritor". Representação do profeta, do líder, do mestre, do juiz, do promotor (acusador), do advogado (defensor). O cidadão. O jornalista. A pura materialidade do discurso científico. As buscas de Dostoiévski. O jornalista. O *Diário de um escritor*. Uma corrente. A palavra do povo. O discurso do *iuródivi* (Liebiádkin, Míchkin). O discurso do *iuródivi*,[20] do *stárietz* do peregrino (Makar). Existe o profeta, o santo conhecedor. "Enquanto isso o eremita fica numa cela escura" (Púchkin). O tsariêvitch Dmitri assassinado. A lágrima da criança supliciada. Muita coisa (ainda não revelada) em Púchkin. A palavra como ato pessoal. Cristo como verdade. Eu pergunto a ele. A compreensão profunda da índole pessoal da palavra. O discurso de Dostoiévski sobre Púchkin. A palavra de qualquer pessoa dirigida a qualquer pessoa. A aproximação da linguagem literária com a linguagem falada agrava o problema do discurso do autor. Na literatura, o argumento puramente científico, centrado no objeto, só pode ser paródico em variados graus. Os gêneros da literatura russa antiga (da hagiografia, do sermão, etc.) são, em linhas gerais, gêneros da literatura medieval. A verdade não proferida em Dostoiévski (o beijo de Cristo). A questão do mutismo. A ironia como modalidade especial de substituição do mutismo. A palavra retirada da vida: do idiota, do *iuródivi*, do louco, da criança, do moribundo, em parte da mulher. O delírio, o sonho, a iluminação (inspiração), o inconsciente, o alogismo, o involuntário, a epilepsia, etc.

A imagem de autor. Autor primário (não criado) e autor

---

[20] Tipo de mentecapto muito comum na vida russa, sobretudo às portas das igrejas. Era um miserável, pedinte, que para muita gente tinha dom de adivinho, profeta e filósofo. Dostoiévski o inseriu, ao lado de Cristo e Dom Quixote, no tripé que forma a imagem do príncipe Míchkin em *O idiota*. (N. do T.)

Fragmentos dos anos 1970-1971

secundário (imagem de autor, criada pelo autor primário). Autor primário — *natura non creata quae creat*; autor secundário — *natura creata quae creat*.[21] Imagem da personagem — *natura creata quae non creat*. O autor primário não pode ser imagem: ele escapa de qualquer concepção figurada. Quando *tentamos* imaginar em termos figurados o autor primário, nós mesmos criamos a sua imagem, isto é, nós mesmos nos tornamos autor primário dessa imagem. O criador de imagem (isto é, o autor primário) nunca pode entrar em nenhuma imagem por ele criada. O discurso do autor primário não pode ser discurso *próprio*: ele precisa ser consagrado por algo superior e impessoal (por argumentos científicos, uma experiência, dados objetivos, uma inspiração, uma iluminação, pelo poder, etc.). Se interfere com discurso direto, o autor primário não pode ser simplesmente um *escritor*: nada se pode dizer em nome do escritor (o escritor se transforma em publicista, moralista, cientista, etc.). Por isso, o autor primário se encarna no *mutismo*. Mas esse mutismo pode assumir diferentes firmas de expressão, formas variadas de riso reduzido (ironia), de alegoria, etc.

---

[21] A obra principal de John Scotus Eriugena (*c*. 815-877 d.C.), filósofo dos primórdios da Idade Média, *Acerca da divisão da natureza*, descreve quatro modos do ser: 1) "natureza criada e não criada", isto é, Deus como causa primeira e eterna de todas as coisas; 2) "a natureza criada e criadora", isto é, o mundo platônico das ideias que habita o intelecto de Deus e determina o ser das coisas; 3) "a natureza criada e não criadora", isto é, o mundo das coisas únicas; 4) "a natureza não criada e não criadora", isto é, novamente Deus, mas já como objetivo final de todas as coisas, o qual as recolhe de volta ao término do processo dialético mundial. Bakhtin aplica metaforicamente esses termos — criados para descrever a atividade criadora da divindade — à ontologia do ativismo artístico do homem. Nessa mesma série estão outros termos, como *natura naturans* (natureza geradora) e *natura naturata* (natureza gerada), que remontam ao léxico das traduções latinas de Averróis (Ibn Rushd) e são empregados na escolástica cristã, mas conhecidos particularmente graças ao seu papel nos textos de Espinosa. (N. da E.)

A questão do escritor e de sua posição primária de autor colocou-se com especial acuidade no século XVIII (em face da degradação das autoridades e das formas autoritárias e também da rejeição às formas autoritárias de linguagem). A forma da narração simples e impessoal em linguagem literária, porém próxima da linguagem falada. Essa narração não se distancia das personagens, não se distancia tampouco do leitor médio. A exposição do romance em carta para o editor. A exposição da ideia. Não se trata de máscara, mas da pessoa comum do homem comum (a pessoa do autor primário não pode ser comum). O próprio ser fala através do escritor, pelos seus lábios (em Heidegger).[22]

Na pintura, o pintor às vezes representa a si mesmo (o que costuma fazer em um canto do quadro). O autorretrato. O pintor representa a si mesmo como uma pessoa comum e não como pintor, criador do quadro.

[...]

A procura da própria palavra é, de fato, procura da palavra precisamente não minha, mas de uma palavra maior que eu mesmo; é o intento de sair de minhas próprias palavras, por meio das quais não consigo dizer nada de essencial. Eu mesmo posso ser apenas personagem, mas não autor primário. A procura da própria palavra pelo autor é, basicamente, procura do gênero e do estilo, procura da posição de autor. Essa questão é hoje a mais aguda da literatura contemporânea, e leva muitos a recusar o gênero romanesco, a substituí-lo por montagem de documentos, pela descrição de ob-

---

[22] A ideia central da filosofia da arte de Martin Heidegger: a palavra nasce nas entranhas do próprio ser e através do poeta como "médium" se fala ao mundo; o poeta "aguça o ouvido" (conceito que Heidegger contrapõe à "categoria de contemplação", tradicional na filosofia europeia) no ser, sobretudo na sua expressão mais arcana — a linguagem. As principais obras em que Heidegger desenvolve essa ideia são *Holzwege* (Frankfurt-am-Main, 1950) e *Unterwegs zur Sprache* (Piullingen, 1959). (N. da E.)

jetos, ao letrismo,[23] e até certo ponto à literatura do absurdo. Tudo isso pode ser definido, em certo sentido, como diferentes formas de mutismo. Tal procura levou Dostoiévski à criação do romance polifônico. Ele não encontrou um discurso para o romance monológico. Tolstói seguiu a via paralela no sentido dos contos populares (o primitivismo), da inserção de citações do Evangelho (nas partes conclusivas). Outra via era a de fazer o mundo falar e prestar ouvidos nas palavras do próprio mundo (Heidegger).

[...]

"Dostoiévski e o sentimentalismo. Tentativa de uma análise tipológica."

Polifonia e retórica. O jornalismo e seus gêneros como retórica moderna. O discurso retórico e o discurso romanesco. A persuasividade da arte e a persuasividade da retórica.

A discussão retórica e o diálogo sobre as últimas questões (sobre o todo e no todo). Vitória ou compreensão mútua.

A minha palavra e a palavra *do outro*. A *índole primária* dessa contraposição. O ponto de vista (a posição) do terceiro. Os *fins limitados* do discurso retórico. O discurso retórico argumenta do ponto de vista do terceiro: aí não participam as camadas individuais profundas. Na Antiguidade, as fronteiras entre a retórica e a literatura de ficção eram traçadas de modo diferente e não eram acentuadas, uma vez que ainda não existia a pessoa individualmente profunda no novo sentido. Ela (a pessoa) nasce na fronteira da Idade Média (*Meditações* de Marco Aurélio, Epicteto, Agostinho, o solilóquio). Aí se intensificam (ou até surgem pela primeira vez) os limites entre a minha palavra e a palavra do outro.

---

[23] *Lettrisme*, movimento de vanguarda iniciado por Isidore Isou na Romênia nos anos 1940. Inspirado no surrealismo e no dadaísmo, o letrismo defendia que o poema deve ser puramente formal, desprovido de conteúdo semântico. (N. do T.)

Na retórica, há os indiscutivelmente inocentes e os indiscutivelmente culpados, há a plena vitória e a humilhação do adversário. No diálogo, a destruição do adversário destrói a própria esfera dialógica da vida da palavra. Na Antiguidade clássica ainda não existia essa esfera superior. Essa esfera é muito frágil e facilmente destrutível (basta um mínimo de violência, uma referência a uma autoridade, etc.). Razumíkhin[24] e a mentira como caminho para a verdade. A contraposição de verdade e Cristo em Dostoiévski.[25] Tem-se em vista a verdade impessoal e objetiva, isto é, a verdade do ponto de vista do terceiro. O tribunal arbitral é o tribunal da retórica. A posição de Dostoiévski em face do tribunal do júri. Imparcialidade e *suprema* parcialidade. Refinamento inusitado de todas as categorias éticas individuais. Estas se situam na zona limítrofe entre o ético e o estético.

O "solo"[26] em Dostoiévski como algo intermediário (*medium*) entre o impessoal e o pessoal. Chátov como representante dessa tipicidade. A sede de personificar-se. A maioria dos artigos do *Diário de um escritor* se situa nessa esfera intermediária entre a retórica e a esfera pessoal (isto é, na esfera de Chátov, do "solo", etc.). Essa esfera intermediária em "Bobók" (o vendeiro bem-apessoado). A conhecida incom-

---

[24] Personagem do romance de Dostoiévski *Crime e castigo*. Cf. *Crime e castigo*, parte 2, cap. IV. (N. da E.)

[25] Cf. uma carta de F. M. Dostoiévski a N. D. Fonvízina, de fevereiro de 1854, em F. M. Dostoiévski, *Cartas*, t. 1, p. 142; F. M. Dostoiévski, "Diário de 1880", em *Herança literária*, t. 83, Moscou, 1971, p. 676. (N. da E.)

[26] A palavra russa *pótchva* (solo) deu origem ao termo *potchvienítchestvo*, que significa algo enraizado no solo. *Potchvienítchestvo* foi uma tendência que influenciou profundamente a literatura russa nos anos 1860, enfatizando a importância do elemento genuinamente nacional na formação socioeconômica e cultural russa. Para Dostoiévski, a sociedade russa devia "unir-se ao solo popular e assumir o elemento popular". (N. do T.)

Fragmentos dos anos 1970-1971

preensão das esferas estatal, jurídica, econômica e de negócios, bem como da esfera objetivo-científica (herança do Romantismo), daquelas esferas que tiveram como representantes os liberais (Kaviélin[27] e outros). A fé utópica na possibilidade de transformar a vida em paraíso por via puramente interior. A obtenção da sobriedade. A aspiração a tornar sóbrio o êxtase (a epilepsia). *Os beberrões*[28] (sentimentalismo). Marmieládov e Fiódor Pávlovitch Karamázov.[29] Dostoiévski e Dickens. Semelhança e diferença (*Contos de Natal* e "Bobók" e "O sonho de um homem ridículo"); *Gente pobre*, *Humilhados e ofendidos*, *Os beberrões* (sentimentalismo).

A negação (a incompreensão) dessa esfera de necessidade pela qual deve passar a liberdade (nos planos tanto histórico quanto individual-pessoal), da esfera intermediária situada entre o Grande Inquisidor (com sua estrutura de Estado, sua retórica, seu poder) e Cristo (com seu mutismo e seu beijo).

Raskólnikov queria tornar-se uma espécie de Grande Inquisidor (assumir os pecados e o sofrimento).

[...]

Particularidade da polifonia. A índole inacabável do diálogo polifônico (diálogo sobre as últimas questões). São indivíduos inacabáveis que travam semelhantes diálogos e não

---

[27] K. D. Kaviélin, em "Carta a F. M. Dostoiévski" (*Mensageiro Europeu*, n° 11, 1880), entrou em discussão com o discurso do autor sobre Púchkin. O projeto de resposta a Kaviélin se encontra nos diários de Dostoiévski durante o ano de 1880 (cf. *Herança literária*, t. 83, pp. 674-96). (N. da E.)

[28] *Os beberrões* — plano de um romance que antecedia *Crime e castigo* (cf. carta de F. M. Dostoiévski a A. Kraiévski, de 8 de julho de 1865, em F. M. Dostoiévski, *Cartas*, t. 1, p. 408). (N. da E.)

[29] Personagens dos romances de Dostoiévski *Crime e castigo* e *Os irmãos Karamázov*, respectivamente. (N. do T.)

sujeitos psicológicos. Certa impossibilidade de encarnação desses indivíduos (excedente˙desinteressado).

Todo grande escritor participa de tal diálogo; participa com sua obra como uma das partes deste diálogo; estas, porém, por si mesmas não criam romances polifônicos. As réplicas desses escritores nesse diálogo têm uma forma monológica, cada um tem um mundo próprio, os outros participantes do diálogo e seus mundos ficam fora das obras. Eles interferem com seu próprio mundo e com seu discurso direto, próprio. Mas entre os prosadores, sobretudo os romancistas, apresenta-se a questão do discurso próprio. Este não pode ser simplesmente um discurso próprio (em nome do *eu*). A palavra do poeta, do profeta, do líder, do cientista, e a palavra do "escritor". Esta precisa ser fundamentada. A necessidade de representar alguém. O cientista dispõe de argumentos, experiência, experimentos. O poeta se apoia na inspiração, numa linguagem *poética* peculiar. O prosador não dispõe de semelhante linguagem poética.

[...]

Só um polifonista como Dostoiévski foi capaz de sondar na luta entre opiniões e ideologias (de várias épocas) o diálogo inacabado em torno das últimas questões (no grande tempo). Outros se ocupam de questões solucionáveis no âmbito de uma época.

* * *

O jornalista é acima de tudo um contemporâneo. É obrigado a sê-lo. Vive na esfera de questões que podem ser resolvidas em sua atualidade (ou ao menos num tempo próximo). Participa de um diálogo que pode ser terminado e até concluído, que pode passar à ação, pode tornar-se força empírica. É justamente nessa esfera que a "palavra própria" vem a ser possível. Fora dessa esfera a "palavra própria" não é própria (o indivíduo está sempre acima de si mesmo); a "palavra própria" não pode ser a última palavra.

O discurso retórico é o discurso do próprio homem atuante ou dirigido aos homens atuantes.

A palavra do jornalista, introduzida no romance polifônico, fica resignada perante o diálogo inacabável e infinito.

[...]

Quando penetramos no campo do jornalismo de Dostoiévski, observamos um brusco estreitamento do horizonte, desaparece a universalidade dos seus romances, embora os problemas da vida pessoal das personagens sejam substituídos por problemas sociais, políticos. As personagens viviam e agiam (e pensavam) em face do mundo inteiro (perante a terra e o céu). As grandes questões, ao surgirem em sua pequena vida pessoal e cotidiana, descortinavam-na, faziam-na comungar "na vida divino-universal".[30]

Essa representatividade das personagens para toda a humanidade, para todo o mundo se assemelha à tragédia antiga (e às de Shakespeare) mas difere profundamente delas.

[...]

A discussão retórica é uma discussão na qual o que importa é vencer o adversário, não se aproximar da verdade. Trata-se de uma forma inferior de retórica. Nas formas mais elevadas chega-se a uma solução do problema que pode ser uma solução histórica temporal, mas não se chega às últimas questões (onde a retórica é impossível).

* * *

Metalinguística e filosofia da palavra. O ensino antigo acerca do *lógos*. São João. Língua, discurso, comunicação discursiva, enunciado. Especificidade da comunicação discursiva.

O falante. Na qualidade de quem (isto é, em que situação) se manifesta o falante? Diversas formas assumidas da

---

[30] Extraído do poema "Primavera" (1838) de Fiódor Tiútchev. (N. da E.)

autoria do discurso, dos mais simples enunciados da fala cotidiana aos grandes gêneros literários. É praxe falar de máscaras do autor. Contudo, em que enunciados (manifestações verbalizadas) se exprime a *pessoa* e não existe máscara, isto é, não existe autoria? A forma de autoria depende do gênero do enunciado. Por sua vez, o gênero é determinado pelo objeto, pelo fim e pela situação do enunciado. As formas de autoria e o lugar (posição) ocupado na hierarquia pelo falante (líder, tsar, juiz, guerreiro, sacerdote, mestre, homem privado, pai, filho, marido, esposa, irmão, etc.). A posição hierárquica correlativa do destinatário do enunciado (súdito, réu, aluno, filho, etc.). Quem fala e a quem se fala. Tudo isso determina o gênero, o tom e o estilo do enunciado: a palavra do líder, a palavra do juiz, a palavra do mestre, a palavra do pai, etc. É isso o que determina a forma da autoria. A mesma pessoa real pode manifestar-se em diversas formas autorais. Em que formas e como se revela a pessoa do falante?

Na Idade Moderna desenvolvem-se diversas formas *profissionais* de autoria. A forma de autoria do escritor tornou-se profissional e subdividiu-se em modalidades de gênero (romancista, lírico, comediógrafo, autor de odes, etc.). As formas de autoria podem ser usurpadas e convencionais. O romancista, por exemplo, pode assimilar o tom do profeta, do sacerdote, do juiz, do mestre, do pregador, etc. É complexo o processo de elaboração das formas extra-hierárquicas de gênero. As formas de autoria e particularmente o *tom* dessas formas são substancialmente tradicionais e existem desde a remota Antiguidade. Renovam-se em situações novas. Não é possível inventá-las (como não é possível inventar uma língua).

A infinita diversidade de gêneros do discurso e de formas de autoria na comunicação discursiva do cotidiano (comunicados recreativos interessantes e íntimos, pedidos e exigências várias, declarações de amor, altercações e insultos, trocas de amabilidades, etc.). Esses gêneros diferem segundo

Fragmentos dos anos 1970-1971

as esferas hierárquicas: a esfera íntima, a esfera oficial e suas variedades.

[...]

Existiriam gêneros de pura autoexpressão (sem a tradicional forma de autoria)? Existiriam gêneros sem destinatário?

* * *

Gógol. O mundo sem nomes, onde só há apelidos e toda espécie de alcunhas. Os nomes dos objetos também são apelidos. Não se vai do objeto à palavra, mas da palavra ao objeto, a palavra cria o objeto. Ele justifica igualmente o aniquilamento e o nascimento. Elogio e insulto — um se converte no outro. A fronteira entre o corriqueiro e o fantástico se oblitera: Popríschin é o rei da Espanha, Akáki Akákievitch é o fantasma que rouba um capote.[31] Categoria do absurdo. "Do ridículo ao grandioso..." "A festividade mensura a trivialidade e a corriqueirice do dia a dia..." O estilo hiperbólico. A hipérbole é sempre festiva (inclusive a hipérbole injuriosa).

O apelo à prosa é apelo à linguagem da familiaridade de rua. Nariéjni. Gógol. O medo e o riso. Festividade total em *O inspetor geral*.[32] Festividade da chegada e das viagens (em visita) de Tchítchikov.[33] Os bailes, os jantares (transparecem as máscaras). A volta às fontes da vida do discurso (elogio — injúria) e da vida material (comida, bebida, corpo e vida corpórea dos órgãos — o assoar-se, o bocejo, o sono, etc.). E a troica com seus guizos.

---

[31] Personagens de Gógol: Popríschin é a personagem central do conto "Diário de um louco"; Akáki Akákievitch, de "O capote". (N. do T.)

[32] Famosa comédia de Gógol, onde domina o espírito carnavalesco. (N. do T.)

[33] Personagem central de *Almas mortas*, de Gógol. (N. do T.)

Rompimento entre o modo de vida real e o rito simbólico. A falta de naturalidade desse rompimento. A falsa contraposição dos dois. Afirma-se: naquela época todos viajavam em troica com guizos, era o cotidiano real. Mas no cotidiano permanece a tonalidade carnavalesca. Cotidiano puro é ficção, invenção de intelectual. O cotidiano humano é sempre enformado, e essa enformação é sempre ritual (ainda que "esteticamente"). É nessa potencialidade ritual que sempre pode apoiar-se a imagem artística. Memória e possibilidade de conscientização no ritual do cotidiano e na imagem. Reflexo das relações entre os homens no discurso, sua hierarquia social. Inter-relação das unidades do discurso. Sensação aguda de mim mesmo e do outro na vida do discurso. Papel excepcional do tom. O mundo da injúria e do elogio (e seus derivados: da lisonja, da bajulação, da hipocrisia, da humilhação, da grosseria, das alfinetadas, das alusões, etc.). O mundo quase abstrato, que reflete as inter-relações dos falantes (sua escala, sua hierarquia, etc.). O aspecto menos estudado da vida do discurso. Não é o mundo dos tropos, porém o mundo dos tons e matizes pessoais, mas não em relação aos objetos (fenômenos, conceitos) e sim ao mundo das personalidades dos outros. O tom não é determinado pelo conteúdo concreto do enunciado ou pelas vivências do falante mas pela relação do falante com a pessoa do interlocutor (com sua categoria, importância, etc.).

[...]

O apagamento das fronteiras entre o horrível e o engraçado nas imagens da cultura popular (e até certo ponto em Gógol). Entre o trivial e o horrível, o comum e o maravilhoso, o pequeno e o grandioso.

A cultura popular nas condições de uma nova época (gogoliana). Os elos intermediários. O julgamento. A didática. A busca gogoliana de uma justificação (de um "objetivo", uma "utilidade", uma "verdade") do quadro do riso no mundo. O "campo de atividade", o "serviço", "vocação", etc.

Em certa medida a verdade sempre julga. Mas o julgamento da verdade não se assemelha ao julgamento comum. Uma negação pura não pode gerar imagem. Na imagem (até na mais negativa) há sempre um momento positivo (de amor-deleite). Blok sobre a sátira.[34] Stanislávski sobre a beleza da representação de uma imagem negativa pelo ator. É inaceitável a divisão mecânica: feiura — personagem negativa, beleza — ator que a representa. O universalismo do mundo do riso em Gógol.

A coletânea proposta de meus artigos é aglutinada por um só tema em diferentes etapas de seu desenvolvimento.[35]

A unidade de uma ideia em formação (em desenvolvimento). Daí certo inacabamento *interior* de muitos dos meus pensamentos. Todavia eu não pretendo transformar defeito em virtude: nos trabalhos há muito inacabamento externo, inacabamento não do próprio pensamento mas de sua expressão e exposição. Às vezes é difícil separar um inacabamento de outro. Não se pode atribuí-lo a uma determinada corrente (ao estruturalismo). Minha paixão pelas variações e pela diversidade de termos aplicados a um fenômeno. Pluralidade de escorços. Aproximação com o distante sem indicação dos elos intermediários.

[34] Do artigo de Aleksandr Blok "Sobre arte e crítica" (1920): "É verdade que se Maupassant tivesse escrito tudo isso com sentido satírico (se é que isso acontece), ele teria escrito de modo inteiramente distinto, teria mostrado sempre como George Duroy se comportava mal. No entanto, ele mostra apenas como Duroy se comporta, e deixa que os leitores julguem se isso é bom ou ruim. Ele é um artista 'apaixonado' por George Duroy, como Gógol era apaixonado por Khliestakov" (Blok, *Obras escolhidas em oito tomos*, t. 6, Moscou/Leningrado, 1962, p. 153). (N. da E.)

[35] Esboços de prefácio à coletânea de seus trabalhos de vários anos que Bakhtin vinha preparando; o prefácio não foi escrito. (N. da E.)

Por uma metodologia das ciências humanas[1]

O conhecimento da coisa e o conhecimento do indivíduo. É indispensável caracterizar os dois como limites: a pura coisa morta, dotada apenas de aparência, só existe para o outro e pode ser totalmente revelada, do início ao fim, por um ato unilateral do outro (o cognoscente). Tal coisa, desprovida de interior próprio inalienável e não utilizável, pode ser apenas objeto de interesse prático. O segundo limite é a ideia de Deus em presença de Deus, o diálogo, a interroga-

---

[1] Este texto tem origem em um pequeno ensaio esboçado por Mikhail Bakhtin entre fins de 1930 e início de 1940, denominado "Acerca dos fundamentos filosóficos das ciências humanas", que nesta edição vai do início até os asteriscos da p. 61. Em 1975 o texto foi publicado como artigo e com alguns cortes pela revista *Kontekst 1974* com o título "Por uma metodologia da ciência da literatura", preparado por Vadim Kójinov com a anuência de Bakhtin (menos o título). Em 1979 o texto foi incluído pela editora moscovita Iskusstvo em sua primeira edição de *Estética da criação verbal* (*Estétika sloviésnovo tvórtchestva*) com o título "Acerca da metodologia das ciências humanas". Este texto, porém, saiu com cortes. Mas as notas dos organizadores para a mesma edição incluem a maior parte antes suprimida. A edição de *Estética da criação verbal*, publicada em 2003 pela Martins Fontes, em tradução minha, foi traduzida da edição de 1979 da editora Iskusstvo com as referidas notas. Nela o texto se intitulava "A metodologia das ciências humanas". Nesta edição, renomeei esse título como "Por uma metodologia das ciências humanas", mantive a parte suprimida, mas segui o formato gráfico do texto definitivo de Bakhtin com base no recém-editado tomo 5 das *Obras reunidas* de Bakhtin, organizadas por Serguei Botcharov e Liudmila Gogotichvíli (Moscou, Rússkii Slovarí, 1997). (N. do T.)

ção, a prece. A necessidade da livre autorrevelação do indivíduo. Aqui há um núcleo interior que não pode ser absorvido, consumido, em que sempre se conserva uma distância em relação à qual só é possível o puro desinteresse;[2] ao abrir-se para o outro, tal distância sempre permanece também para si. Aqui o cognoscente não faz a pergunta a si mesmo nem a um terceiro em presença da coisa morta, mas ao próprio cognoscível. O significado da simpatia e do amor. Aqui o critério não é a exatidão do conhecimento, mas a profundidade da penetração. Neste caso, o conhecimento está voltado para o individual. É o campo das descobertas, das revelações, das das inteirações, das comunicações. Aí são importantes o segredo, a mentira (mas não o erro). Aí são importantes tanto a imodéstia como a ofensa, etc. A coisa morta não existe no limite, é um elemento abstrato (convencional); em certa medida, qualquer totalidade (a natureza e todas as suas manifestações relacionadas à totalidade) é pessoal.

A complexidade do ato bilateral de conhecer a penetração. O ativismo do cognoscente e o ativismo do que se abre (dialogicidade). A capacidade de conhecer e a capacidade de exprimir a si mesmo. Aqui estamos diante da expressão e do conhecimento (compreensão) da expressão. A complexa dialética do interior e do exterior. O indivíduo não tem apenas meio e ambiente, tem também horizonte próprio. A interação <?> do horizonte do cognoscente com o horizonte do cognoscível. Os elementos *de expressão* (o corpo não como materialidade morta, o rosto, os olhos, etc.); neles se cruzam e se combinam duas consciências (a do eu e a do outro); aqui eu existo para o outro com o auxílio do outro. A história da autoconsciência concreta e o papel nela desempenhado pelo outro (o amante). O reflexo de mim mesmo no outro. A morte para mim e a morte para o outro. A memória.

[2] Leia-se ausência de procedimento interesseiro ou egoísta. (N. do T.)

Os problemas concretos dos estudos da literatura e da arte, vinculados à inter-relação do ambiente e do horizonte, do eu e do outro; as questões das zonas; a expressão teatral. A penetração no outro (fusão com ele) e a manutenção da distância (do meu lugar), manutenção que assegura o excedente de conhecimento. A expressão do indivíduo e a expressão dos grupos, dos povos, das épocas, da própria história, com seus horizontes e ambientes. Não se trata da consciência individual da expressão e da compreensão. A autorrevelação <?> e as formas de sua expressão nos povos, na história, na natureza, etc.

O objeto das ciências humanas é o ser *expressivo e falante*. Esse ser nunca coincide consigo mesmo e por isso é inesgotável em seu sentido e significado. A máscara <?>, a ribalta, o palco, o espaço ideal, etc. como formas reais de expressão da representatividade do ser (e não da singularidade e da materialidade) e da relação desinteressada com ele. A exatidão, seu significado e seus limites. A exatidão pressupõe a coincidência da coisa consigo mesma. A exatidão é necessária para a assimilação prática. O ser que se autorrevela não pode ser forçado nem tolhido. Ele é livre e por essa razão não oferece nenhuma garantia. Por isso o conhecimento aqui não nos pode dar nada nem garantir, por exemplo, a imortalidade como fato estabelecido com precisão e dotado de importância prática para a nossa vida. "Acredita no que diz o coração, não há garantias do céu."[3] O ser da totalidade, o ser da alma humana, o qual se abre livremente ao nosso ato de conhecimento, não pode estar tolhido por esse ato em nenhum momento substancial. Não se pode transferir para ele as categorias do conhecimento material (o erro da metafísica). A alma nos fala livremente de sua imortalidade, porém não podemos *prová-la*. As ciências procuram o que perma-

---

[3] Citação do poema "Desejo" ("Jelánie"), de Vassíli Jukóvski (1783-1852). (N. do T.)

nece imutável em todas as mudanças (as coisas ou as funções). A formação do ser é uma formação livre. Nessa liberdade podemos comungar, no entanto não a podemos tolher com um ato de conhecimento (material). As questões concretas das diversas formas literárias: da autobiografia, dos monumentos (o autorreflexo na consciência dos inimigos e na consciência dos descendentes), etc.

A questão da *memória* adquire uma posição central na filosofia.

Certo elemento de liberdade é inerente a toda expressão. A expressão absolutamente involuntária deixa de sê-lo. No entanto, o ser da expressão é bilateral: só se realiza na interação de duas consciências (a do eu e a do outro); a penetração mútua com manutenção da distância; este é o campo de encontro de duas consciências, a zona do contato interior entre elas.

As diferenças filosóficas e estéticas entre a autocontemplação interior (o eu-para-si) e a contemplação de si mesmo no espelho (o eu-para-o-outro, do ponto de vista do outro). Seria possível contemplar e *compreender* a própria imagem externa de um puro ponto de vista do eu-para-si?

Não se pode mudar o aspecto efetivamente *material* do passado, no entanto o aspecto de sentido, o aspecto expressivo, falante pode ser modificado, porquanto é inacabável e não coincide consigo mesmo (ou é livre). O papel da memória nessa eterna transfiguração do passado. Conhecimento — compreensão do passado em sua índole inacabável (em sua não coincidência consigo mesmo). O elemento de intrepidez no conhecimento. O temor e a intimidação na expressão (seriedade), na autorrevelação, na franqueza, na palavra. O momento correspondente de resignação do cognoscente; a reverência.

O problema da interpretação. A interpretação como visão do *sentido*, não uma visão fenomênica e sim uma visão do sentido vivo da vivência na expressão, uma visão do fenômeno internamente compreendido, por assim dizer, auto-compreendido.

A expressão como matéria apreendida ou sentido materializado, como elemento de liberdade que penetrou a necessidade. A carne *interior* e exterior para a absolvição. Os diferentes extratos da alma se prestam igualmente à exteriorização. O núcleo artístico não exteriorizável da alma (o eu--para-si). O ativismo responsivo do objeto cognoscível.

A filosofia da expressão. A expressão como campo de encontro de duas consciências. A configuração dialógica da interpretação.

* * *

A imagem externa da alma carece de autovalor e está entregue à piedade e ao perdão do outro. O núcleo inefável da alma só pode ser refletido no espelho da simpatia absoluta do outro.

O problema da seriedade. Os elementos de expressão externa da seriedade: o cenho carregado, os olhos apavorantes, as rugas e pregas juntas pela tensão, etc. são elementos de pavor ou intimidação, de preparativo para o ataque ou para a defesa, um chamamento à subordinação <?>, uma expressão de fatalidade, de necessidade férrea, de peremptoriedade, de indiscutibilidade. O *perigo* faz o sério, o riso autoriza evitar o perigo. A necessidade é séria, a liberdade ri. O pedido é sério, o riso nunca pede, mas o ato de dar é acompanhado de riso. A seriedade é prática e é interesseira no sentido amplo da palavra. A seriedade retém, estabiliza, está voltada para o pronto, para o concluído em sua obstinação e autopreservação. Não é uma força tranquila e segura de si (esta sorri), mas uma força ameaçada e por isso ameaçadora, ou uma fraqueza suplicante. A natureza representada como totalidade onipotente e onivitoriosa não é séria mas indiferente ou sorri de modo franco ("está radiante") e ri. A última totalidade não pode se imaginar séria — porque fora dela

Por uma metodologia das ciências humanas

não existe inimigo —, ela é indiferentemente alegre; todos os fins e sentidos não estão fora mas dentro dela. Para ela não há nada por vir, porque o *porvindouro* faz o sério. O riso suprime o *peso do futuro* (do porvindouro), livra das preocupações do futuro; o futuro deixa de ser uma ameaça.

A atração, própria de todas as pessoas cultas, haverá de comungar na multidão, perder-se na multidão, dissolver-se na multidão, fundir-se com a multidão; não apenas com o povo mas com a multidão de populares, com a multidão na praça; haverá de entrar na esfera da comunicação *familiar* específica, fora de quaisquer distâncias, hierarquias e normas, de comungar no grande corpo. O "tu" íntimo na mascarada; a máscara é extra-hierárquica. As cenas da mascarada e do carnaval (em parte as cenas dos bailes — festas — teatro) nos dramas e romances (em Liérmontov, em Tolstói, em *A montanha encantada*,[4] etc.). Os temas dos *Contos de Biélkin*[5] como essencialmente prosaicos: mistificações, profanações, acasos, desvios da norma.

Rabelais lança luz também sobre questões muito profundas da origem, da história e da teoria da prosa de ficção. Aqui destacamos de passagem essas questões e podemos apresentar para elas uma fórmula prévia: apelido, profanação <?>, linha demarcatória das línguas, etc. Pretendemos elaborar essas questões de modo sistemático e à base de um vasto material em outra oportunidade.

* * *

A compreensão. Desmembramento da compreensão em atos particulares. Na compreensão efetiva, real e concreta, eles se fundem indissoluvelmente em um processo único de

---

[4] Provavelmente *A montanha mágica* de Thomas Mann, já traduzida com esse título para o russo à época em que Bakhtin escreveu o texto. (N. do T.)

[5] Coletânea de contos de Púchkin. (N. do T.)

compreensão, porém cada ato particular tem uma autonomia semântica (de conteúdo) ideal e pode ser destacado do ato empírico concreto. 1) A percepção psicofisiológica do signo físico (palavra, cor, forma espacial). 2) Sua *inteiração* (como conhecido ou desconhecido). A compreensão de seu *significado* reprodutível (geral) na língua. 3) A compreensão de seu *significado* em dado *contexto* (mais próximo e mais distante). 4) A compreensão ativo-dialógica (discussão-concordância). A inserção no contexto dialógico. O elemento valorativo na compreensão e seu grau de profundidade e de universalidade.

* * *

A conversão da imagem em símbolo a reveste de *profundidade* semântica — a perspectiva semântica.

Correlação dialética entre identidade e não identidade. A imagem deve ser compreendida como o que ela é e como o que significa. Através dos encadeamentos semânticos mediatizados, o conteúdo do símbolo autêntico está correlacionado com a ideia de totalidade mundial, com a plenitude do universo cósmico e humano. O mundo tem um sentido. "A imagem do mundo manifestada na palavra" (Pasternak).[6] Todo fenômeno particular está imerso no elemento dos *primórdios do ser*. À diferença do mito, existe aí a conscientização da sua não coincidência com seu próprio sentido.

No símbolo há "o calor do mistério que se torna coeso" (Aviérintsiev).[7] Momento de contraposição do *meu* ao do *outro*. O calor do amor e o frio da alienação. Contraposição e comparação. Toda interpretação do símbolo perma-

---

[6] Do poema "Agosto" (1853), de Boris Pasternak (1890-1960). (N. da E.)

[7] Serguei S. Aviérintsiev, "O símbolo", em *Breve enciclopédia de literatura*, t. 7, Moscou, 1972, p. 827. (N. da E.)

nece ela mesma um símbolo, mas um tanto racionalizado, isto é, um tanto aproximado do conceito.

Definição de *sentido* em toda a profundidade e complexidade de sua essência. A apreensão como descoberta da presença por meio da percepção visual (contemplação) e da adição por elaboração criadora. Antecipação do contexto em expansão subsequente, sua relação com o todo acabado e com o contexto inacabado. Tal sentido (no contexto inacabado) não é tranquilo nem cômodo (nele não se pode ficar tranquilo nem morrer).

Significado e sentido. As lembranças *a serem preenchidas* e as possibilidades *antecipadas* (a interpretação em contextos distantes). Nas lembranças levamos em conta até os acontecimentos posteriores (no âmbito do passado), ou seja, percebemos e interpretamos o lembrado no contexto de um passado inacabado. Em que forma o todo está presente na consciência? (Platão e Husserl.)

Em que medida é possível descobrir e comentar o *sentido* (da imagem ou do símbolo)? Só mediante outro sentido (isomorfo) do símbolo ou da imagem? É impossível dissolver o sentido em conceitos. O papel do comentário. Pode haver uma racionalização *relativa* do sentido (a análise científica habitual), ou um aprofundamento do sentido com o auxílio de outros sentidos (a interpretação artístico-filosófica). O aprofundamento mediante a ampliação do contexto distante.[8]

A interpretação das estruturas simbólicas tem de entranhar-se na infinitude dos sentidos simbólicos, razão por que não pode vir a ser científica na acepção de índole científica das ciências exatas.

O autor de uma obra só está presente no conjunto da obra, não se encontra em nenhum elemento destacado desse

---

[8] O tema "contextos distantes" fazia parte dos projetos de Bakhtin para os últimos anos de sua vida. (N. da E.)

conjunto, e menos ainda no conteúdo separado desse conjunto. O autor se encontra naquele momento inseparável em que o conteúdo e a forma se fundem intimamente, e é na forma que mais percebemos a sua presença. A crítica costuma procurá-lo no *conteúdo* destacado do conjunto, que permite identificá-lo facilmente com o autor-homem de uma determinada época, que tem uma determinada biografia e uma determinada visão de mundo. Aí a imagem do autor quase se funde com a imagem do homem real.

O verdadeiro autor não pode se tornar imagem, pois é o criador de toda imagem, de todo o sistema de imagens da obra. É por esta razão que a chamada imagem de autor não pode ser uma das imagens de dada obra (na verdade, uma imagem de tipo especial). O pintor representa frequentemente a si mesmo no quadro (num canto deste), também faz seu autorretrato. Todavia, no autorretrato não *vemos* o autor como tal (não se pode vê-lo); em todo caso, não o vemos mais que em qualquer outra obra do autor; onde ele mais se revela é nos melhores quadros desse autor. O autor-criador não pode ser criado na esfera em que ele próprio é o criador. Trata-se da *natura naturans*[9] e não da *natura naturata*.[10] Vemos o criador apenas em sua criação, nunca fora dela.

A interpretação dos sentidos não pode ser científica, mas é profundamente cognitiva. Pode servir de forma imediata à prática vinculada às coisas.

"Cumpre reconhecer a simbologia não como forma não científica mas como forma *heterocientífica* do saber, dotada de suas próprias leis e critérios internos de exatidão" (Aviérintsiev).[11]

---

[9] "Natureza geradora". (N. da E.)

[10] "Natureza gerada". (N. da E.)

[11] S. S. Aviérintsiev, *Breve enciclopédia de literatura*, cit., t. 7, p. 828. (N. da E.)

As ciências exatas são uma forma monológica do saber: o intelecto contempla uma *coisa* e emite enunciado sobre ela. Aí só há um sujeito: o cognoscente (contemplador) e falante (enunciador). A ele só se contrapõe a *coisa muda*. Qualquer objeto do saber (incluindo o homem) pode ser percebido e conhecido como coisa. Mas o sujeito como tal não pode ser percebido e estudado como coisa porque, como sujeito e permanecendo sujeito, não pode se tornar mudo; consequentemente, o conhecimento que se tem dele só pode ser *dialógico*. Dilthey e o problema da interpretação.[12] As diversas modalidades de ativismo da atividade cognitiva. O ativismo do cognoscente da coisa muda e o ativismo do outro sujeito cognoscente, isto é, o ativismo *dialógico* do cognoscente. O ativismo dialógico do sujeito cognoscível e seus graus. A coisa e o indivíduo (o sujeito) como *limites* do conhecimento. Os graus de materialidade e pessoalidade. A índole de acontecimento do conhecimento dialógico. O encontro. A avaliação como momento indispensável do conhecimento dialógico.

Ciências humanas — ciências do espírito — ciências filológicas (o discurso é parte e ao mesmo tempo comum a todas elas).

Historicidade. Imanência. Fechamento da análise (do conhecimento e da interpretação) em um dado *texto*. A questão dos limites do texto e do contexto. Cada palavra (cada signo) do texto leva para além dos seus limites. Toda interpretação é o correlacionamento de dado texto com outros textos. O comentário. A índole dialógica desse correlacionamento.

O lugar da filosofia. Ela começa onde termina a cientificidade exata e começa a heterocientificidade. Pode ser definida como metalinguagem de todas as ciências (e de todas as modalidades de conhecimento e consciência).

---

[12] Cf. nota 15 em "Fragmentos dos anos 1970-1971". (N. da E.)

A interpretação como correlacionamento com outros textos e reapreciação em um novo contexto (no meu, no atual, no futuro). O contexto antecipável do futuro: a sensação de que estou dando um novo passo (saí do lugar).

Etapas do movimento dialógico da *interpretação*: o ponto de partida — um dado texto, o movimento retrospectivo — contextos do passado, movimento prospectivo — antecipação (e início) do futuro contexto.

A dialética nasceu do diálogo para retornar ao diálogo em um nível superior (o diálogo de *indivíduos*).

O monologismo de *A fenomenologia do espírito* de Hegel.

O monologismo não inteiramente superado de Dilthey.

Pensamento sobre o mundo e pensamento no mundo. O pensamento que procura abarcar o mundo, e o pensamento que sente a si mesmo no mundo (como parte deste). O acontecimento no mundo e a participação nele. O mundo como acontecimento (e não como ser em prontidão).

Um texto só tem vida contatando com outro texto (contexto). Só no ponto desse contato de textos eclode a luz que ilumina retrospectiva e prospectivamente, fazendo dado texto comungar no diálogo. Salientemos que esse contato é um contato dialógico entre textos (enunciados) e não um contato mecânico de "oposição", só possível no âmbito de um texto (mas não do texto e dos contextos) entre os elementos abstratos (os signos no interior do texto) e necessário apenas na primeira etapa da interpretação (da interpretação do significado e não do sentido). Por trás desse contato está o contato entre indivíduos e não entre coisas (no limite). Se transformarmos o diálogo em um texto contínuo, isto é, se apagarmos as divisões das vozes (a alternância de sujeitos falantes), o que é extremamente possível (a dialética monológica de Hegel), o sentido profundo (infinito) desaparecerá (bateremos contra o fundo, poremos um ponto morto).

A coisificação completa, extrema levaria fatalmente ao

desaparecimento da infinitude e da insondabilidade do sentido (de qualquer sentido).

O pensamento só conhece os pontos convencionais: o pensamento apaga todos os pontos antes colocados.

O esclarecimento do texto não por outros textos (contextos) mas pela realidade das coisas (coisificação). Isso costuma ocorrer nas explicações biográfica, sociológica vulgar e causal (dentro do espírito das ciências naturais), bem como em uma historicidade despersonalizada (a "história sem nomes").[13] A interpretação autêntica em literatura e nos estudos literários sempre é histórica e personalizada. O lugar e as fronteiras dos chamados *realia*. *Coisas prenhes de palavra*.

A unidade do monólogo e a unidade peculiar do diálogo.

A epopeia pura e a lírica pura desconhecem ressalvas. O discurso com ressalvas só aparece no romance.

O pensamento que, como um peixe no aquário, choca-se com o fundo e as paredes, não pode ir além e mais fundo. O pensamento dogmático.

A influência da realidade extratextual sobre a formação da visão artística e do pensamento artístico do escritor (e de outros criadores de cultura).

As influências "extratextuais" têm um significado particularmente importante nas etapas primárias de evolução do homem. Tais influências estão plasmadas nas palavras (ou em outros signos), e essas palavras são palavras de outras pessoas, antes de tudo palavras da mãe. Depois, essas "palavras alheias" são reelaboradas dialogicamente em "palavras minhas-alheias" com o auxílio de outras palavras alheias (não

---

[13] A respeito da ideia de "história da arte sem nome" nas ciências da arte da Europa Ocidental em fins do século XIX e começo do século XX (em seu sentido caracterizado por Bakhtin na obra sobre o autor e a personagem como "estética impressiva"), ver Pável N. Medviédev, *O método formal nos estudos literários*, pp. 71-3. (N. da E.)

ouvidas anteriormente) e em seguida nas minhas palavras (por assim dizer, com a perda das aspas), já de índole criadora. O papel dos encontros, das visões, das "iluminações", das "revelações" etc. Reflexo desse processo no romance de educação ou de formação, nas autobiografias, nos diários, nas confissões, etc. Veja-se, a propósito: Aleksei Riémizov, *Com olhos tolhidos: livro das tramas e dos meandros da memória*.[14] Aqui o desenho desempenha o papel de signos para a autoexpressão. Desse ponto de vista é interessante o *Klim Sámguin*[15] (o homem como sistema de frases). O *inefável*, sua índole especial e seu papel. As fases primárias da apreensão da palavra. O "subconsciente"[16] pode vir a ser um fator criativo apenas no limiar da consciência e da palavra (a consciência semiverbalizada-semissígnica). De que modo as impressões da natureza entram no contexto da minha consciência. Elas são prenhes de palavra, de palavra em potencial. O "inefável" como *limite automovente*, como "ideia reguladora" (no sentido kantiano) da consciência criadora.

O processo de esquecimento paulatino dos autores, depositários das palavras do outro. A palavra do outro se torna anônima, apropriam-se dela (numa forma reelaborada, é claro); a consciência *monologiza-se*. Esquecem-se também as relações dialógicas iniciais com a palavra do outro: é como se elas fossem absorvidas, se infiltrassem nas palavras assi-

---

[14] Aleksei M. Riémizov (1877-1957), *Com olhos tolhidos: livro das tramas e dos meandros da memória*, Paris, 1951. Capítulos desse livro fizeram parte da edição soviética: A. M. Riémizov, *Seleta*, Moscou, 1978. Sobre o papel dos desenhos, ver os capítulos "Cores", "Natura", "O cego" (pp. 435-45, 451-6, última edição). (N. da E.)

[15] *Vida de Klim Sámguin*, última obra de Maksim Górki, na qual o autor trabalhou de 1925 até 1936, o ano de sua morte. (N. do T.)

[16] Durante muito tempo confundiram-se na URSS os termos *podsoznátielnoe* (subconsciente) e *bessoznátielnoe* (inconsciente). Em Bakhtin aparece com mais frequência o termo "subconsciente". (N. do T.)

miladas do outro (tendo passado pela fase das "palavras minhas-alheias"). Ao monologizar-se, a consciência criadora é completada com palavras anônimas. Esse processo de monologização é muito importante. Depois, a consciência monologizada entra como um todo único e singular em um novo diálogo (já com novas vozes externas do outro). A consciência criadora monologizada une e personifica frequentemente as palavras do outro, tornadas vozes alheias anônimas, em símbolos especiais: "voz da própria vida", "voz da natureza", "voz do povo", "voz de Deus" etc. Papel desempenhado nesse processo *pelo discurso de autoridade*, que habitualmente não perde seu portador, não se torna anônimo.

O empenho de coisificar os contextos anônimos extraverbalizados (cercar-se de uma vida não verbal). Só eu me manifesto como indivíduo criador falante, tudo o mais são apenas condições materiais situadas fora de mim como *causas*, que suscitam e determinam minha palavra. Não converso com elas — eu *respondo* a elas mecanicamente, como uma coisa responde a estímulos externos.

Fenômenos de discurso como ordens, exigências, mandamentos, proibições, promessas (prometimentos), ameaças, elogios, censuras, ofensas, maldições, bênçãos, etc., constituem uma parte muito importante da realidade extracontextual. Todos eles estão vinculados a uma *entonação* acentuadamente expressa, capaz de deslocar-se (estender-se) a quaisquer palavras e expressões desprovidas de significado direto de ordens, ameaças, etc.

O que importa é o *tom*, separado dos elementos fônicos e semânticos da palavra (e de outros signos). Estes determinam a complexa *tonalidade* da nossa consciência, tonalidade que serve de contexto axiológico-emocional à nossa interpretação (plena e centrada nos sentidos) do texto que lemos (ou ouvimos), bem como, em uma forma mais complexa, ao processo de criação (de geração) do texto.

Trata-se de fazer o meio *material*, que atua mecanicamente sobre o indivíduo, começar a falar, isto é, descobrir nesse meio a palavra em potencial e o tom, de transformá-lo no contexto semântico do indivíduo pensante, falante e atuante (e também criador). No fundo é o que faz toda autoconfissão-informe pessoal séria e profunda, autobiografia, lírica pura, etc. Entre os escritores, Dostoiévski foi quem conseguiu atingir a maior profundidade nessa transformação da coisa em sentido ao desvelar os atos e os pensamentos de suas personagens principais. A coisa, ao permanecer coisa, pode influenciar apenas as próprias coisas; para exercer influência sobre os indivíduos ela deve revelar *seu potencial de sentidos*, isto é, deve incorporar-se ao eventual contexto de palavras e sentidos.

Quando analisamos as tragédias de Shakespeare, também observamos a transformação sucessiva de toda a realidade — que age sobre suas personagens — em contexto semântico dos atos, pensamentos e vivências dessas personagens: ou verificamos diretamente as palavras (palavras das feiticeiras, do fantasma do pai, etc.) ou acontecimentos e circunstâncias, traduzidos para a linguagem do discurso potencial que interpreta.

Cumpre salientar que não se trata de uma redução pura e direta de tudo a um denominador comum: a coisa continua coisa, a palavra, palavra, elas preservam sua essência e apenas se completam com o sentido.

Não se deve esquecer que a coisa e o indivíduo são *limites* e não substância absoluta. O sentido não quer (e não pode) mudar os fenômenos físicos, materiais e outros, não pode agir como força material. Aliás, ele nem precisa disso: ele mesmo é mais forte que qualquer força, muda o sentido total do acontecimento e da realidade sem lhes mudar uma vírgula na composição real (do ser); tudo continua como antes mas adquire um sentido inteiramente distinto (a transfiguração do ser centrada no sentido). Cada palavra do texto se transfigura em um novo contexto.

Inclusão do *ouvinte* (do leitor, do contemplador) no sistema (estrutura) da obra. O autor (depositário das palavras) e o *interpretador*. O autor, ao criar sua obra, não a destina ao estudioso da literatura nem pressupõe uma *interpretação* literária específica, não visa criar um grupo de estudiosos da literatura. Não convida os estudiosos da literatura à mesa do seu banquete.

Os atuais estudiosos da literatura (em sua maioria os estruturalistas) costumam definir o ouvinte imanente à obra como ouvinte ideal que tudo compreende; é precisamente esse tipo de ouvinte que se postula na obra. Está claro que não se trata do ouvinte *empírico* nem de uma concepção psicológica, de uma imagem de ouvinte na alma do autor. Trata-se de uma formação abstrata, ideal. A ela se contrapõe um autor ideal igualmente abstrato. Em semelhante concepção, o ouvinte ideal é, no fundo, um reflexo especular, uma dublagem do autor. Ele não pode introduzir nada *de seu*, nada de novo na obra interpretada em termos ideais nem no plano idealmente completo do autor. Ele está no mesmo tempo e espaço que o próprio autor, ou melhor, ele, como o autor, está fora do tempo e do espaço (como qualquer formação abstrata ideal), e por isso não pode ser o *outro* (ou um estranho) para o autor, não pode ter nenhum *excedente* definível pela alteridade. Entre o autor e tal ouvinte não pode haver nenhuma interação, nenhuma relação dramática ativa, porquanto eles não são vozes mas conceitos abstratos iguais a si mesmos e entre si. Aí só são possíveis abstrações tautológicas vazias, mecanicistas ou matematizadas. Aí não há um grão de personificação.

O conteúdo como *novo*, a forma como conteúdo velho (conhecido), estereotipado, estagnado. A forma serve de ponte necessária para um conteúdo novo, ainda desconhecido. A forma era uma visão de mundo velha, estagnada, conhecida e universalmente compreendida. Nas épocas pré-capitalistas, a transição entre a forma e o conteúdo era menos abrupta, mais suave; a forma era um conteúdo ainda não endurecido, não inteiramente fixado, não trivial; estava vinculada aos resultados da criação coletiva comum, por exemplo, aos sistemas mitológicos. A forma era uma espécie de conteúdo implícito; o conteúdo da obra desenvolvia um conteúdo já alicerçado na forma e não o criava como algo novo, na ordem de uma iniciativa criadora-individual. Consequentemente, o conteúdo precedia a obra em certa medida. O autor não inventava o conteúdo de sua obra, mas apenas desenvolvia o que já estava alicerçado na tradição.

Os símbolos são os elementos mais estáveis e, ao mesmo tempo, mais emocionais; referem-se à forma e não ao conteúdo.

O aspecto efetivamente semântico da obra, ou seja, o *significado* dos seus elementos (primeira etapa da interpretação) é, em princípio, acessível a qualquer consciência individual. Mas esse elemento semântico-axiológico (inclusive os símbolos) só é significativo para os indivíduos ligados por certas condições comuns de vida (cf. o significado da palavra "símbolo"),[17] em suma, por laços *de fraternidade* em um nível elevado. Aí ocorre a *comunhão*, em etapas superiores a comunhão *no valor supremo* (no limite absoluto).

O significado das exclamações axiológico-emocionais na vida discursiva dos povos. Contudo, a expressão das relações axiológico-emocionais pode não ser de índole explícito-verbal mas, por assim dizer, de índole implícita na *entonação*. As entonações mais substanciais e estáveis formam o fundo entonacional de um determinado grupo social (nação, classe social, grupo profissional, círculo, etc.). Em certa medida, pode-se falar por entonações únicas, tornando a parte do discurso verbalmente expressa relativa e substituível, quase indiferente. Com que frequência empregamos palavras que

---

[17] S. S. Aviérintsiev, "O símbolo", em *Breve enciclopédia de literatura*, cit., t. 7, p. 827. (N. da E.)

nos são inúteis pelo significado ou repetimos a mesma palavra ou frase apenas com o fito de termos um portador material para a entonação de que necessitamos.

O contexto axiológico-entonacional extratextual pode ser realizado apenas parcialmente no processo de leitura (execução) de um dado texto, porém em sua parte mais geral, particularmente em suas camadas mais substanciais e profundas, permanece fora de dado texto como fundo dialogizante de sua percepção. A isso se reduz, até certo ponto, o problema do condicionamento *social* (extraverbal) da obra.

O texto — impresso, manuscrito ou oral (gravado) — não se equipara a toda a obra em seu conjunto (ou ao "objeto estético"). A obra é integrada também por seu necessário contexto extratextual. É como se ela fosse envolvida pela música do contexto axiológico-entonacional, no qual é interpretada e avaliada (é claro que esse contexto muda conforme as épocas da percepção, o que cria uma nova vibração da obra).

A compreensão recíproca entre os séculos e milênios, povos, nações e culturas assegura a complexa unidade de toda a humanidade, de todas as culturas humanas (a complexa unidade da cultura humana), a complexa unidade da literatura da sociedade humana. Tudo isso se revela unicamente no nível do grande tempo. Cada imagem precisa ser entendida e avaliada no nível do grande tempo. A análise costuma desenvolver-se no espaço estreito do pequeno tempo, isto é, da atualidade do passado imediato e do futuro representável — desejado ou assustador. As formas axiológico-emocionais da antecipação do futuro na língua-discurso (ordem, votos, advertência, exorcismo, etc.), a relação superficialmente humana com o futuro (votos, esperança, pavor); não existe compreensão da indeterminidade, do inesperado, por assim dizer, do "surpreendente", da novidade absoluta, do milagre, etc., todos axiológicos. A índole especial da relação *profética* com o futuro. A abstração de si mesmo nas concepções sobre o futuro (o futuro sem mim).

O tempo do espetáculo teatral e suas leis. A percepção do espetáculo na época da presença e do domínio das formas religioso-cultuais e estatal-cerimoniais. A etiqueta do cotidiano no teatro.

* * *

A contraposição de natureza e homem. Os sofistas, Sócrates ("Não me interessam as árvores no bosque mas os homens nas cidades").[18]

Dois extremos do pensamento e da prática: (o ato) ou dois tipos de relação (a coisa e o indivíduo). Quanto mais profundo é o indivíduo, isto é, quanto mais próximo ele está do objeto individual, tanto mais inaplicáveis são os métodos de generalização; a generalização e a formalização obliteram as fronteiras entre o gênio e a mediocridade.

Experimento e tratamento matemático. Formular uma pergunta e receber uma resposta já constitui uma interpretação individual do conhecimento das ciências naturais e do seu sujeito (o experimentador). A história do conhecimento em seus resultados e a história dos indivíduos cognoscentes (cf. Marc Bloch).[19]

O processo de coisificação e o processo de personalização. Todavia, a personalização não é, de maneira nenhuma, uma subjetivação. O limite aqui não é o "eu", porém o "eu" em relação de reciprocidade com outros indivíduos, isto é, "eu" e "o outro", "eu" e "tu".

Haverá correspondência com o "contexto" nas ciências naturais? O contexto é sempre personalista (o diálogo sem

---

[18] Platão, *Fedro*, em tradução de A. N. Egunov: "Desculpe, caro amigo, eu sou um curioso, e o local e as árvores não querem me ensinar nada, ao contrário das pessoas na cidade". (N. da E.)

[19] Marc Bloch, *Apologia da história ou artesanato do historiador*, Moscou, 1973. (N. da E.)

fim, onde não há a primeira nem a última palavra); nas ciências naturais o sistema é objetificado (sem sujeito).

Nosso *pensamento* e nossa *prática*, não técnica, mas *moral* (isto é, nossos atos responsáveis), se realizam entre dois limites: entre as relações com a *coisa* e as relações com a *pessoa*. *Coisificação* e *personificação*. Dentre os nossos atos, uns (os cognitivos e morais) tendem para o limite da coisificação sem nunca o atingir; outros tendem para o limite da personificação, sem o atingir plenamente.

Pergunta e resposta não são relações (categorias) lógicas; não podem caber em uma só consciência (una e fechada em si mesma); toda resposta gera uma nova pergunta. Perguntas e respostas supõem uma distância recíproca. Se a resposta não gera uma nova pergunta, separa-se do diálogo e entra no conhecimento sistêmico, no fundo impessoal.

Diferentes cronotopos de quem pergunta e de quem responde e diferentes universos do sentido ("eu" e "o outro"). A pergunta e a resposta do ponto de vista da "terceira" consciência e do seu mundo *neutro*, onde tudo é *substituível* e fatalmente se *despersonifica*.

Diferença entre a *tolice* (ambivalente) e a obtusidade (unívoca).

As palavras alheias assimiladas (o "meu-alheio") que têm vida eterna, renovam-se criativamente em novos contextos, e as palavras alheias inertes, mortas, *"palavras-múmias"*.

O problema fundamental de Humboldt: a multiplicidade de línguas (premissa e fundamento da problemática: a unidade da espécie humana).[20] Isso ocorre no campo das línguas e das suas estruturas formais (fonéticas e gramaticais). Já no

---

[20] Wilhelm Humboldt, "Sobre a diferença de estrutura das línguas humanas e sobre sua influência no desenvolvimento espiritual do gênero humano", em V. A. Zviéguintsev, *História da linguística nos séculos XIX--XX*, parte 1, Moscou, 1964, pp. 85-7. (N. da E.)

campo da *fala* (no âmbito de uma ou de qualquer língua) coloca-se o problema da minha palavra e da palavra do outro.

1) Coisificação e personificação. Diferença entre a coisificação e a "alienação". Os dois limites do pensamento: aplicação do princípio de complementaridade.

2) A minha palavra e a alheia. A interpretação como transformação do alheio no "alheio-próprio". O "princípio da distância". As complexas relações entre os sujeitos interpretados e o sujeito interpretador, entre o cronotopo criado e o intérprete criativamente renovador. A importância de atingir, de aprofundar-se no núcleo criador do indivíduo (em seu núcleo criador o indivíduo continua a viver, ou seja, é imortal).

3) A precisão e a profundidade nas ciências humanas. O limite da precisão nas ciências naturais é a identidade (a = a). Nas ciências humanas, a precisão é a superação da alteridade do alheio sem sua transformação no puramente meu (substituições de toda espécie, modernização, o não reconhecimento do alheio, etc.).

O estágio antigo da personificação (a ingênua personificação mitológica). Época da coisificação da natureza e do homem. O estágio contemporâneo da personificação da natureza (e do homem), mas sem perda da coisificação. Ver a natureza em Príchvin segundo um artigo de V. V. Kójinov.[21] Nessa fase, a personificação não tem índole de mitos, embora não lhes seja hostil e frequentemente use a sua linguagem (transformada em linguagem de símbolos).

4) Contextos da interpretação. Problema dos *contextos distantes*. Renovação interminável dos sentidos em todos os contextos novos. O "pequeno tempo" — a atualidade, o pas-

---

[21] Vadim V. Kójinov, "Colaboração e não competição", *Gazeta Literária*, 31 de outubro de 1973. (N. da E.)

[Mikhail Príchvin (1873-1954), escritor e crítico russo, um dos mais criativos do período soviético. (N. do T.)]

sado imediato e o futuro previsível (desejado) — e o "grande tempo" — o diálogo infinito e inacabável em que nenhum sentido morre.

O vivo na natureza (o orgânico). Todo o inorgânico no processo de troca é atraído para a vida (só na abstração eles podem ser contrapostos, se tomados isoladamente da vida).

* * *

Minha posição em relação ao formalismo: uma compreensão diferente da especificação; o desconhecimento do conteúdo redunda na "estética material" (sua crítica em meu artigo de 1924);[22] não se trata do "fazer" mas de criação (de material só se obtém um "produto");[23] uma incompreensão da historicidade e da alternância (percepção mecanicista da alternância). O significado positivo do formalismo: novos problemas e novos aspectos da arte; o novo, nas etapas iniciais e mais criativas de sua evolução, sempre assume formas unilaterais e extremas.

Minha posição em relação ao estruturalismo. É contra o fechamento no texto. As categorias mecanicistas de "oposição" e "alternância de códigos" (a pluralidade de estilos em *Ievguêni Oniéguin*, na interpretação de Lotman e na minha interpretação).[24] Formalização coerente e despersonalização: todas as relações são de índole lógica (no sentido lato do termo). Quanto a mim, em tudo eu ouço *vozes* e relações dialógicas entre elas. Eu também interpreto dialogicamente o princípio de complementaridade. Altas apreciações do estruturalismo. O problema da "exatidão" e da "profundidade".

[22] "O problema do conteúdo, do material e da forma na obra literária de ficção" (cf. Mikhail Bakhtin, *Questões de literatura e de estética*, pp. 6-71). (N. da E.)

[23] Aqui Bakhtin polemiza com o famoso ensaio de Boris Eikhenbaum, "De como é feito 'O capote' de Gógol". (N. do T.)

[24] Cf. nota 3 em "Fragmentos dos anos 1970-1971". (N. da E.)

Profundidade da penetração no *objeto* (material) (coisificação) e profundidade de penetração no *sujeito* (personalismo).

No estruturalismo, existe apenas um sujeito: o próprio pesquisador. As coisas se transformam em *conceitos* (de um grau variado de abstração); o sujeito nunca pode se tornar conceito (ele mesmo fala e responde). O "sentido" é personalista; nele há sempre uma pergunta, um apelo e uma antecipação da resposta, nele sempre há dois (como mínimo dialógico). Este personalismo não é um fato psicológico, mas de sentido.

Não existe a primeira nem a última palavra, e não há limites para o contexto dialógico (este se estende ao passado sem limites e ao futuro sem limites). Mesmo os sentidos *do passado*, isto é, nascidos no diálogo dos séculos passados, jamais podem ser estáveis (concluídos, acabados de uma vez por todas): eles sempre hão de mudar (renovando-se) no processo do futuro desenvolvimento do diálogo. Em qualquer momento do desenvolvimento do diálogo existem massas imensas e ilimitadas de sentidos esquecidos, mas em determinados momentos do sucessivo desenvolvimento do diálogo, tais sentidos serão relembrados e reviverão em forma renovada (em um novo contexto). Não existe nada absolutamente morto: cada sentido terá sua festa de renovação. Questão do *grande tempo*.

Bakhtin: remate final

Paulo Bezerra

Os três textos que compõem o presente livro, ato final de Bakhtin como filósofo, teórico da literatura e da cultura, foram amplamente revistos à luz de minha contínua investigação da obra do mestre russo. Considerando que o próprio Bakhtin não intitulou nenhum desses textos, e visando torná-los mais consentâneos com a temática que desenvolvem, procedi à alteração dos títulos de minha tradução anterior de *Estética da criação verbal*, publicada em 2003 pela Martins Fontes. Assim, os títulos dos capítulos "Os estudos literários hoje", "Apontamentos de 1970-1971" e "Metodologia das ciências humanas" deram lugar, respectivamente, a "A ciência da literatura hoje", "Fragmentos dos anos 1970-1971" e "Por uma metodologia das ciências humanas". O título do livro, *Notas sobre literatura, cultura e ciências humanas*, traduz a unidade dos temas aí desenvolvidos por Bakhtin como arremate de uma parte essencial de sua obra.

Em várias passagens de sua vasta obra, Bakhtin fala das últimas palavras ou posições filosóficas do homem em vida como uma síntese do que ele pensou e produziu em sua existência. Sob esse prisma, os três textos que compõem o presente livro são de fato suas últimas palavras em vida, e estas, ao sintetizarem uma parte essencial de sua obra, que se estende do início dos anos 1920 até 1974 (véspera de sua morte, ocorrida no ano seguinte), acabam se convertendo em algo como seu testamento teórico. Ainda que escritos em forma fragmentária e tematicamente variegada, os referidos textos sintetizam, pela coerência interna, a evolução de meio século do pensamento de Bakhtin, e têm como alicerce a problemática geral das ciências humanas e o papel aí exercido pelo tema central de toda a sua obra: o dialogismo.

A QUEBRA DE PARADIGMAS

O primeiro dos três textos — "A ciência da literatura hoje" — é uma espécie de epistemologia da literatura e da cultura pela amplitude da temática aí desenvolvida. Nele, Bakhtin quebra um paradigma dominante na história, na crítica e na teoria da literatura, ao dar primazia à cultura sobre as relações econômicas e sociais na formação e na história da literatura, defendendo que "a ciência da literatura deve estabelecer o vínculo mais estreito com a história da cultura", pois, sendo a literatura "parte inseparável da cultura, não pode ser entendida fora do contexto pleno de toda a cultura de uma época. É inaceitável separá-la do restante da cultura e, como se faz constantemente, ligá-la imediatamente a fatores socioeconômicos, passando, por assim dizer, por cima da cultura. Esses fatores agem sobre a cultura no seu todo e só através dela e junto com ela influenciam a literatura".

Eis uma quebra de paradigma: os fatores econômicos e sociais não entram diretamente na literatura, entram filtrados pela cultura; é a cultura gerada por tais fatores que sedimenta o universo da literatura e nos permite identificar numa obra literária o espaço e o tempo de sua produção, assim como os valores e relações humanas aí vigentes. Com isso se evitam certos condicionamentos históricos que, em vez de contribuírem para a interpretação de uma obra, acabam por limitar sua leitura e interpretação. Esse fenômeno ocorreu na história e na crítica literária russa do século XIX (apesar do contraponto representado ainda no século XIX pela obra de

Potebniá e Vesselóvski, este último criador da Poética Histórica) e estendeu-se ao período soviético. Bakhtin se refere em parte à história ideologicamente condicionada da literatura na URSS, na qual as relações econômico-sociais prevaleciam sobre as relações culturais e muitos livros de história e teoria da literatura apresentavam caracterizações semelhantes às encontradas nos livros de história geral. (É verdade que ele dá o devido valor a outros grandes estudiosos da literatura e da cultura, que não seguiram a cartilha dominante e enfrentaram sérios problemas políticos.) Dado o peso da ideologia soviética no restante do mundo, o fenômeno se repete em quase todos os quadrantes, com poucas exceções. O Brasil naturalmente não ficou imune a esse espírito. Vários livros de história da literatura e crítica literária são marcados entre nós pelos vícios mencionados por Bakhtin. Como alunos lemos enfadonhos livros de história e crítica literária, onde apareciam dados da economia e da história que pouco ou nada contribuíam para a compreensão da obra literária. Como professores, acompanhamos as dificuldades e o enfado dos alunos ao lerem compêndios de história e crítica literária com aqueles vícios apontados por Bakhtin na experiência soviética. Mas graças a um grupo de intelectuais independentes também tivemos entre nós grandes obras de história e crítica literária fundadas na ideia de formação (fulcro de toda a teoria bakhtiniana da literatura) e de cultura, que literalmente "salvaram a pátria", contribuindo e abrindo caminho para importantes estudos da nossa formação literária e cultural.

Se Bakhtin critica o reducionismo socioeconômico no trato da literatura, não poupa tampouco os exageros formais do chamado formalismo russo (com o qual tem algumas afinidades) e sua excessiva preocupação com a "especificidade da literatura", argumentando que ela "talvez tenha sido necessária e útil" em sua época, mas "uma especificação estreita é estranha às melhores tradições da nossa ciência". Bakhtin vê como um sistema aberto as relações culturais que sedimentam a literatura e enfatiza a reciprocidade e a interdependência entre os diversos campos da cultura, cujas fronteiras variam em diferentes épocas. Aliás, a teoria das fronteiras da cultura é uma questão seminal em todo o seu pensamento sobre literatura e cultura e está sedimentada pela concepção da realidade como um processo em formação, onde tudo é aberto, está em formação, nada é conclusivo, no mundo ainda não aconteceu nada de definitivo, tudo ainda está e estará por vir, e assim o processo literário de uma época é aberto e amplo, não se reduz "a uma luta superficial entre correntes literárias", assim como não se reduz a um cânone (cuja existência implicaria o imobilismo das formas de representação) nem às chamadas escolas literárias ou estilos de época como algo fixo e fechado; debaixo desses fenômenos corre a "água viva da cultura" em "correntes poderosas e profundas", sobretudo as correntes que brotam de baixo, da cultura popular, essenciais para a criação literária. Isso impõe enfocar a literatura em sua unidade indissolúvel com a cultura, "na unidade diferenciada de toda a cultura de uma época" e também das épocas posteriores, e assim ver a literatura como um sistema aberto que se dilata no vasto campo da cultura universal.

O GRANDE TEMPO

> A concepção do mundo como história
> tem suas raízes no terreno artístico.[1]

Conceito fundamental para a teoria da literatura, a história da literatura, a teoria da cultura e a teoria da interpretação, o "grande tempo" merece um comentário mais amplo por sua sintonia com o que há de mais avançado no campo

---

[1] Oswald Spengler, *A decadência do Ocidente*, tradução de Herbert Caro, Rio de Janeiro, Forense Universitária, 2014, 4ª ed., p. 69.

específico do pensamento ocidental. Merece esse comentário, ainda, pelo fato de ele ter sido muito mal estudado fora da Rússia. Aliás, mesmo na Rússia foram poucos os estudos desse conceito, e quase todos efetuados por filósofos. Cabe destacar a breve porém percuciente análise que Aaron Guriêvitch lhe dedicou em 1993 em *A síntese histórica e a Escola dos Anais*, assim como os comentários feitos pela filósofa e bakhtinóloga russa Natália Boniétskaya no artigo "A herança filosófica de M. Bakhtin" e pelo teórico da cultura Mikhail Sokolov em "A iconosfera do grande tempo: por uma teoria não linear da cultura", ambos publicados no número 4 da revista *Dialóg. Karnaval. Khronotop*, Vitebsk, 1994.

A relação intrínseca entre literatura e cultura é determinante em toda a teoria bakhtiniana do romance, na qual se destacam como componentes indissociáveis a leitura e a interpretação, peças-chave no diálogo de culturas que se realiza num tempo infinito que Bakhtin chama de "grande tempo". O sentido do tempo sempre esteve presente na obra de Bakhtin, o que já se manifesta no início dos anos 1920 no ensaio *O autor e a personagem na atividade estética*.[2] Ali Bakhtin ainda fala do "meu tempo" e do "tempo do outro" como intercomplementares e contíguos ao processo de criação da obra de arte, o que se corporificaria mais tarde no conceito de *pequeno tempo*. Mas isso só aconteceria a partir de meados dos anos 1930 com o avanço da investigação bakhtiniana da cultura popular, sobretudo da cultura popular do riso na obra de Rabelais, quando a lógica dessa pesquisa leva à descoberta da contiguidade de diferentes épocas culturais — Antiguidade, Idade Média e Idade Moderna — num imenso lapso de tempo condensado numa única obra. O estudo *A cultura popular na Idade Média e no Renascimento: o contexto de François Rabelais* foi defendido como

---

[2] Em Mikhail Bakhtin, *Estética da criação verbal*, tradução de Paulo Bezerra, São Paulo, Martins Fontes, 2003, 4ª ed., pp. 107-16.

tese de doutorado em 1946, mas só foi publicado em 1965. De par com o estudo sobre Rabelais, Bakhtin escreve em 1940 o ensaio "Rabelais e Gógol", só publicado em 1975. Aí ele mostra que as imagens da cultura popular transcendem os sentidos do tempo da escrita de Gógol e criam a possibilidade de renascer, de comungar na vida renovada, ou melhor, de perpetuar-se no infinito da cultura. E emprega pela primeira vez os termos pequeno e grande tempo.

No "pequeno tempo", tempo da escrita, está o contexto do autor, a realidade do regime de servidão da Rússia com sua "compra e venda de gente",[3] o contexto histórico da obra de Gógol; essa "compra e venda de gente" morre junto com essa realidade. Já as imagens que sedimentam o enredo e enformam as personagens e suas relações passam a um plano no qual se perenizam, ou seja, passam a viver no grande tempo. Em "A ciência da literatura hoje", texto escrito em 1970, portanto trinta anos depois do ensaio "Rabelais e Gógol" e cinco antes de sua morte, Bakhtin finalmente definiu a ideia de "grande tempo" como um conceito, e um conceito de poética histórica, fundamental para a interpretação dos contextos culturais distantes em que se sedimentam as obras de arte literária e o diálogo de culturas. Mas esse conceito também vem sendo empregado na filosofia da cultura ou culturologia e na teoria da história. Ele se funda sobre o diálogo de diferentes épocas no grande tempo histórico, onde se destaca como essência do ser da grande obra literária sua capacidade de transcender seu espaço e seu tempo. "As obras dissolvem as fronteiras de sua época, vivem nos séculos, isto é, no 'grande tempo'", onde são lidas de um modo novo, interpretadas e reavaliadas noutros contextos culturais, ganham

---

[3] Tema central de *Almas mortas*, onde o aventureiro Tchítchikov, personagem central, anda pela Rússia comprando registros de servos mortos, atividade que, se chegasse a bom termo, dar-lhe-ia a chance de ganhar um título nobiliárquico e com ele uma considerável propriedade rural.

mais intensidade, ampliam-se e se enriquecem à custa de novas conquistas nos campos da história, da estética, da antropologia, da ciência, da cultura, das artes em geral e das novas formas de recepção, podendo-se incluir entre essas conquistas a história das mentalidades. Em suma, as obras renascem em outro contexto cultural, onde se revelam as profundezas do sentido até então desconhecidas porque eles são inesgotáveis, infinitos. Em notória sintonia com Bakhtin, Gadamer, nome maior da hermenêutica filosófica, defende que no processo de leitura e interpretação das obras do passado sempre surgem novos sentidos, "novas fontes de compreensão, revelando relações de sentido insuspeitadas. A distância temporal que possibilita essa filtragem não tem uma dimensão fechada e concluída, mas está ela mesma em constante movimento e expansão".[4] É por essa razão que Bakhtin afirma que "nem o próprio Shakespeare nem seus contemporâneos, que o liam à luz e com as limitações do seu pequeno tempo, conheciam o 'grande Shakespeare' que hoje conhecemos", o que significa que o leitor de hoje sabe muito mais sobre Shakespeare que seus contemporâneos. O mesmo se pode dizer de Homero, Virgílio, Cervantes e outros clássicos de épocas distantes ou até relativamente próximas. Trazendo o assunto para o Brasil, pode-se afirmar que o leitor atual de Machado de Assis, por exemplo, sabe muito mais sobre esse romancista que os leitores de sua época e menos que os leitores de um futuro distante. A riqueza de sentidos da obra machadiana certamente aumentará à medida que nossa cultura se tornar mais rica. O mesmo vale para outros clássicos da literatura brasileira.

A ênfase na cultura enquanto parte da história como processo em formação permitiu a Bakhtin lançar um novo

---

[4] Hans-Georg Gadamer, *Verdade e método II*, tradução de Enio Paulo Giachini, Petrópolis, Vozes, 2002, p. 395.

paradigma para a interpretação do romance na perspectiva de uma poética histórica da obra de arte literária, especialmente do gênero romanesco: "uma obra não pode viver nos séculos futuros se não reúne em si também os séculos passados...", ela dá "continuidade ao passado". Nessa concepção de poética histórica, o presente é uma continuidade do passado e início do futuro, isto é, um período de transição, o que permite um enfoque prospectivo da própria leitura do romance que se pode resumir nesta forma sucinta: o romance relê o passado à luz do presente na perspectiva do futuro.

Como tudo em Bakhtin é dialógico, seu pensamento é um permanente diálogo com a história, a filosofia, a antropologia e uma vasta gama de outras ciências humanas. Assim, seu conceito de "grande tempo" é também um elemento importantíssimo para uma análise histórica bem próxima da história das mentalidades de Lucien Febvre, Marc Bloch, Georges Duby e Fernand Braudel, que, coincidentemente, fundaram a história das mentalidades no mesmo período em que Bakhtin desenvolvia suas pesquisas sobre a obra de Rabelais e a cultura popular da Idade Média e do Renascimento. O historiador e medievalista russo Aaron Guriêvitch, autor do clássico *Categorias da cultura medieval*, revela algumas coincidências temporais e aproximações entre o "grande tempo" de Bakhtin e *la longue durée* que Fernand Braudel desenvolve em seu famoso livro *O Mediterrâneo*, mas assinala também algumas diferenças.

> "Braudel vê no 'grande tempo' a duração, a permanência no estado de imobilismo ou quase imobilismo dos imensos maciços geonaturais e em parte socioeconômicos. É uma estática ou quase estática do processo histórico, uma vez que durante a vida o homem não consegue perceber as mudanças que ocorrem nas 'estruturas'. [...] O grande tempo de Braudel é, antes, uma extratemporalidade,

um estado de relativo repouso. Em certo sentido, é um 'tempo vazio'. [...] Já Bakhtin fala do 'grande tempo' na história da cultura, do tempo em que se desenvolve entre as culturas um diálogo de grande conteúdo. Cada fenômeno importante da cultura vive não só no presente momento de seu surgimento; ele é herdado e assimilado por outras culturas, percebido pelos homens das épocas subsequentes e recebe deles a sua avaliação. A grande criação do passado é lida de maneira nova e reformulada, é interpretada a seu modo no contexto de outra cultura, [...] nele ganha uma nova vida. Essa sua capacidade de renascer [...] não se deve apenas à genialidade do autor que a criou, mas, antes de tudo, à própria natureza da transmissão dos valores culturais."[5]

Guriêvitch enfatiza o diálogo de culturas como o elemento que distingue as duas concepções de tempo em Braudel e Bakhtin, e tal diálogo é possível desde que o interpretador de hoje seja capaz de compreender: 1) o sentido primordial de uma obra particular ou de toda uma cultura, isto é, o sentido que essa cultura tinha "para si" em seu próprio tempo; 2) o sentido dessa criação e de toda essa cultura que lhe chegou em um tempo subsequente, na percepção dos seus herdeiros que a recodificaram e a seu modo a assimilaram; 3) o sentido que esse fenômeno de um passado distante adquire "para nós" e para a nossa atualidade. Guriêvitch pergunta se "não estará contido o sentido profundo da história da cultura como eco de uma época em outra? Não estará na concepção bakhtiniana de grande tempo o objetivo da história das mentalidades?". E arremata: "São essas possibilidades

---

[5] Aaron Guriêvitch, *A síntese histórica e a Escola dos Anais*, tradução de Paulo Bezerra, São Paulo, Perspectiva, 2004, p. 107.

Bakhtin: remate final

que as ideias do 'tempo da longa duração' de Braudel não revelam. Porque *la longue durée* se caracteriza pela inércia, ao passo que o 'grande tempo' bakhtiniano é o tempo das mudanças criadoras, do incessante trabalho da cultura voltado para a assimilação e a reformulação tanto do conteúdo herdado quanto do seu próprio".[6]

Natália Boniétskaya analisa o "grande tempo" de uma perspectiva filosófica, afirmando que o tempo em Bakhtin é sempre um tempo "humanizado e vinculado a uma natureza social", ou seja, é um tempo "histórico-cultural", que desde os anos 1920 Bakhtin vivenciou como um tempo "portador e gerador de sentidos", e acrescenta que esse grande tempo histórico-cultural "está vinculado à história universal da cultura [...] e se mede pelos avanços culturais das épocas". Tem por função "ressuscitar, fazer renascer as culturas", e está indissoluvelmente ligado ao "acontecimento do ser". Enfatizando o sentido prospectivo e revivificador que o grande tempo bakhtiniano tem para a cultura e a história, Boniétskaya prossegue: "na filosofia bakhtiniana do tempo há momentos marcados por um colorido escatológico", quando "a saída do tempo é concebida como uma missão", a ser cumprida "dentro do próprio tempo e é designada pelo termo temporal de 'futuro absoluto'". Neste "futuro absoluto" estão presentes aquelas intuições que, na estética do Bakhtin dos anos 1960, dão vida ao conceito de um grande tempo dotado da capacidade de "transfigurar" e "ressuscitar" formas e sentidos que pareciam adormecidos.[7]

Tratando do mesmo tema no ensaio "A iconosfera do grande tempo: por uma teoria não linear da cultura", o teórico, historiador e crítico de artes Mikhail Sokolov considera

[6] *Ibidem.*

[7] N. K. Boniétskaya, "O filosófskom zavieschánie M. Bakhtina" ("A herança filosófica de M. Bakhtin"), *Dialóg. Karnaval. Khronotop*, nº 4, Vitebsk, 1994, pp. 12-5.

o conceito de grande tempo como o que há de mais universal no campo da teoria das artes por designar uma "diversidade de modelos espaço-temporais de universo coexistentes num espaço cultural único",[8] o que permite uma interpretação não linear da história da cultura como valor universal e propicia ao mesmo tempo uma crítica ao historicismo como dogma e maior entrave ao trabalho metodológico na teoria das artes. Em vez do decantado "choque de culturas", o grande tempo bakhtiniano postula o diálogo de culturas, "o *diálogo de diferentes épocas e culturas no grande tempo universal* [...] onde a Antiguidade, a Idade Média e a Idade Moderna — três superépocas imortais, se fazem presentes em cada tradição importante, assim como em cada obra de arte importante: a Antiguidade com seu naturocentrismo, a Idade Média com seu teocentrismo e a Idade Moderna como seu sociocentrismo. Tudo isso na escala mais ampla, em escala planetária". Para o conjunto da Europa, ganham um significado primordial "os diálogos eternamente fronteiriços de Paganismo-Cristianismo, Paganismo-Renascimento e Renascimento-Cristianismo".[9] Assim, em vez do isolacionismo que poderia advir do chamado "choque de culturas", com seu conceito de grande tempo Bakhtin postula o diálogo de culturas como linha de força do progresso e do entendimento entre povos e culturas. Essa relação profunda entre as culturas, que para o mestre russo transborda em diálogo na vastidão do espaço e do tempo, Spengler explicitou numa frase sucinta: "todas as culturas encontram-se numa relação simbólica, quase mística, à extensão, ao espaço, e por meio do qual tentam se realizar".[10]

[8] M. N. Sokolov, "A iconosfera do grande tempo: por uma teoria não linear da cultura", *Diálóg. Karnaval. Khronotop*, nº 4, Vitebsk, 1994, p. 19.

[9] *Idem*, p. 24.

[10] Spengler, *op. cit.*, p. 72.

Extralocalização, distância, distanciamento: *VNIENAKHODÍMOST*

O conceito de "grande tempo" funciona em par com o conceito de *vnienakhodímost* (extralocalização) criado por Bakhtin em 1924 no ensaio "A questão do conteúdo, do material e da forma na criação ficcional verbalizada", inserido em *Questões de literatura e de estética* em 1975 pelos organizadores desta edição. Na edição de 1924, o conceito tem o sentido de extralocalização ou extralocalidade (no Brasil, havia sido traduzido do francês como "exotopia"); o autor está situado fora da sua criação, "ocupa uma posição essencial fora do acontecimento da obra". Graças a essa posição extralocalizada, o artista detém o ativismo para reunir o material que servirá de conteúdo e para enformar e concluir a obra de fora dela. Nas reflexões teóricas de Bakhtin sobre o romance, a extralocalização define a posição do autor-criador fora do mundo das personagens, ou melhor, estabelece realidades em tudo diferentes: no mundo das personagens não há autor nem leitor, no mundo do autor e do leitor não há personagens nem as circunstâncias que lhes marcam a vida. Esse conceito evolui na obra de Bakhtin e, em "Fragmentos dos anos 1970-1971", nós o encontramos como distância ou distanciamento para designar a posição do leitor, que, extralocalizado e distanciado no espaço e no tempo em relação aos contextos antigos que sedimentam as obras literárias, ou seja, de fora, no grande tempo, lê e interpreta do espaço e da posição de sua cultura as obras do passado e com elas estabelece um diálogo de culturas que amplia e atualiza o valor simbólico que elas irradiam. Aliás, foi o que o próprio Bakhtin fez com a interpretação moderna e revolucionária da obra de Rabelais, mudando radicalmente o modo de interpretar obras de um passado remoto e criando seu próprio modo de interpretação centrado na cultura e nas relações culturais em que aquelas obras se sedimentam.

UMA TEORIA CULTURAL DA INTERPRETAÇÃO

O núcleo central dessa teoria é o diálogo entre sentidos de épocas diferentes, levado a efeito por um intérprete que representa uma cultura em diálogo com outra, em suma, é o sentido que orquestra o diálogo de culturas. O sentido é "de índole responsiva", sempre responde a alguma coisa, daí sua natureza dialógica, ao contrário do significado, que a nada responde e por isso "está separado do diálogo". O sentido é "potencialmente infinito", universal e perene, e só existe em contato com outro sentido, ou melhor, com o sentido do outro, de outra cultura. É nesse contato que ele revela sua perenidade, sua capacidade de pôr em contato culturas distantes no espaço e no tempo. Não existe sentido em si, nem um sentido único: ele só existe entre outros sentidos e para outros sentidos. Ele é redivivo, movimenta, renova e pereniza a cultura, por isso "não pode haver o primeiro nem o último sentido".

A interpretação dos discursos da cultura baseada no sentido sempre integrou a obra de Bakhtin. A novidade agora é que ela ganha estatuto de teoria com funcionalidade e ossatura definidas, ancorada na combinação dos conceitos de extralocalização/distância e grande tempo, tempo esse que é histórico-universal e no qual se cruzam e dialogam a atualidade do autor da obra e a atualidade do intérprete, em suma, dá-se o diálogo de culturas. Bakhtin define metodologicamente dois tempos de vida da obra: o pequeno tempo ou época de sua publicação, o século do autor, no qual a interpretação sempre se limita às possibilidades cognitivas da época, ao seu acervo de conhecimentos das variáveis de que se alimenta a obra de arte literária, mas nunca vai além desses conhecimentos. O segundo é o grande tempo, os séculos pósteros, cujo acervo de conquistas e conhecimentos permite ao intérprete extralocalizado inspirar frescor e vida nova nas obras do passado graças à natureza rediviva dos sentidos que as embasam.

Bakhtin: remate final

Bakhtin retoma nesses três últimos escritos a ideia de compenetração da cultura do outro, que lançara no início dos anos 1920 em *O autor e a personagem na atividade estética*,[11] com a diferença de que nesta obra a ideia de compenetração está ligada à construção das personagens, portanto, à atividade estética propriamente dita, na qual o autor entra em empatia com o outro para vivenciá-lo de seu interior e dar-lhe acabamento estético. Agora se trata de interpretar a obra pronta, acabada e distante do intérprete ou supradestinatário, e ele vê a compenetração como um momento do processo de interpretação, mas nessa compenetração o intérprete não se transporta inteiramente para o autor nem resolve "a partir daí, tudo o que é desconhecido e estranho no texto", como o queria Schleiermacher,[12] um dos pioneiros da hermenêutica filosófica e da teoria da tradução. Para Bakhtin, se a interpretação se limitasse a esse "transporte" seria mera dublagem e nada traria de enriquecedor. A obra tem objetividade própria e o intérprete precisa manter o núcleo de sentidos objetivos do texto como condição de uma interpretação adequada, vale dizer, ele deve "compreender a obra tal qual o autor a compreendia". Mas como a obra é, em muitos aspectos, "inconsciente e polissêmica" e a interpretação é "ativa e criadora", o intérprete, que tem a seu favor um conjunto de novos conhecimentos produzidos no grande tempo, logo, inexistentes na época da criação da obra, pode e deve compreendê-la melhor do que o próprio autor a compreendia. Ele atualiza até onde é possível os sentidos (até onde é possível porque, diferentemente do significado, que é rígido, o sentido é flexível e redivivo, desconhece limite e acabamento e, como diz o próprio Bakhtin, "é potencialmente

[11] Em *Estética da criação verbal*, cit., pp. 23-5.

[12] Friedrich Schleiermacher (1768-1834), *apud* Gadamer, *Verdade e método II*, cit., p. 388.

infinito") que o autor pôs em sua obra e, trazendo-a para a atualidade de intérprete extralocalizado e distanciado no espaço, no tempo e na cultura, analisa-a à luz dos saberes desse tempo e dessa cultura e acrescenta novos sentidos à obra, fazendo-a renascer em nova qualidade. Assim, a interpretação criadora é uma criação compartilhada, "completa o texto", "dá continuidade à criação", ou seja, faz do intérprete um criador compartilhante que Bakhtin chama de *cocriador*, que "multiplica a riqueza artística da humanidade". Note-se que Bakhtin fala de cocriação como um momento da interpretação, como transformação do alheio no "alheio-próprio". Não fala de coautoria, conceito inexistente em sua teoria da interpretação. E critica o estruturalismo e em parte a estética da recepção por postularem que se inclua na estrutura da obra um leitor ideal que tudo entende. Bakhtin chama esse "leitor imanente" de *formação abstrata*. Diferentemente do leitor que, com seu ativismo, interpreta a obra de fora, na distância do grande tempo, e a enriquece com novos sentidos produzidos pela cultura de sua época, esse leitor ideal dos estruturalistas e quejandos não pode "inserir nada de seu na obra" que lê, nenhuma alteração. Na criação compartilhada a obra permanece inalterada em sua estrutura formal, o leitor-intérprete não a modifica como produto estético; o que ele acrescenta são os novos sentidos que nela descobre à luz das conquistas de sua época.

Cabe ressaltar, porém, que a cocriação restringe-se aos novos sentidos que o intérprete descobre e insere na interpretação da obra. Só assim é possível evitar que a interpretação venha a ser um simples registro de conteúdos e resvale na dublagem. Interpretar é dialogar com o outro e, dialogando, auscultar de uma posição extralocalizada (como um supra-destinatário incluído no conjunto da cultura de sua época), a uma grande (ou até média) distância espacial e temporal, os sentidos que o preenchem e revolvê-los, colocá-los em contato com o universo de sentidos e valores do intérprete ou

Bakhtin: remate final

supradestinatário, pois só assim, só aos olhos da cultura do intérprete, a cultura do outro (o interpretado) "se revela com plenitude e profundidade". Assim, interpretar uma obra significa completá-la, revesti-la de novos sentidos, e, desse modo, perpetuá-la no tempo como objeto estético. É essa a essência da teoria bakhtiniana da interpretação como diálogo de culturas, no qual as duas culturas — a interpretante e a interpretada — se enriquecem mutuamente, revelando como atributo essencial a integridade aberta da cultura enquanto fenômeno humano universal. Trata-se de uma hermenêutica especialmente bakhtiniana, que a filósofa Natália Boniétskaya chama de "hermenêutica culturológica ou culturologia hermenêutica".[13]

Em seus últimos anos, Bakhtin refletiu a fundo sobre a problemática das ciências humanas e deixou uma definição metodológica bem consoante com sua visão dialógica do mundo e da cultura, capaz de mudar o destino da investigação dessas ciências: "O objeto das ciências humanas é o ser *expressivo e falante*".

Haveria outros conceitos como autor primário, autor secundário, imagem de autor, teoria do texto como enunciado produzido na fronteira com outros textos, que lança luz do passado ao futuro e por trás do qual dialogam indivíduos e não objetos. Mas isso extravasaria as finalidades deste posfácio.

[13] N. K. Boniétskaya, *op. cit.*, p. 7.

Sobre o autor

Mikhail Bakhtin nasceu em 17 de novembro de 1895 em Oriol, na Rússia, em uma família aristocrática, e passou a infância nas cidades de Oriol, Vilna e Odessa. Ingressou na Universidade de Odessa em 1913 e prosseguiu os estudos na Universidade Imperial de Petrogrado (hoje Universidade Estatal de São Petersburgo), onde permaneceu até 1918. Neste ano mudou-se para Nével (na atual Bielorrússia), onde foi professor de história, sociologia e língua russa durante a guerra civil, transferindo-se em 1920 para a capital regional Vitebsk. Nessa época liderou um grupo de intelectuais que ficaria mais tarde conhecido como Círculo de Bakhtin, e que incluía nomes como Matvei Kagan, Maria Iúdina, Lev Pumpianski, Ivan Solertinski, Valentin Volóchinov e Pável Medviédev. Em 1921 casou-se com Ielena Aleksándrovna Okólovitch, e em 1924 o casal se mudou para São Petersburgo, então chamada Leningrado.

Em dezembro de 1928, Bakhtin foi preso por participar do círculo filosófico-religioso Voskressênie (Ressurreição). Nessa mesma época, publicou um de seus trabalhos mais importantes, *Problemas da obra de Dostoiévski* (1929), mais tarde revisto. Em 1928 e 1929 também são publicados dois livros fundamentais do Círculo da Bakhtin: respectivamente *O método formal dos estudos literários*, de Medviédev, e *Marxismo e filosofia da linguagem*, de Volóchinov, que chegaram a ser atribuídos ao próprio Bakhtin. Inicialmente condenado a cinco anos em um campo de trabalhos forçados, Bakhtin teve, devido à saúde frágil, a pena comutada para o exílio em Kustanai, no Cazaquistão, onde viveu entre 1930 e 1936.

Mesmo depois de terminado o período de degredo, Bakhtin continuou proibido de viver em grandes cidades e permaneceu com extrema dificuldade para publicar seus trabalhos. Depois de algumas mudanças estabeleceu-se em Saransk, onde trabalhou no Instituto Pedagógico da Mordóvia entre 1936 e 1937. Com a turbulência política, precisou abandonar Saransk ainda em 1937, morando clandestinamente em casas de amigos em Moscou e Leningrado, e depois conseguindo uma residência em Saviólovo, próximo a Moscou, no distrito de Kimri, onde lecionou em duas escolas de ensino médio até 1945. Ainda em 1938, a doença crônica de que sofria, a osteomielite, se agravou, e Bakhtin precisou amputar uma perna. Nesse período redigiu sua famosa tese de doutorado sobre François Rabelais, defendida no Instituto de Literatura Mundial, em Moscou, em 1946. A tese gerou polêmica, e o título pleno de doutor lhe foi negado. Também nessa época foi escrito o ciclo de trabalhos sobre o gênero romanesco, nos quais o autor desenvolveu o conceito de cronotopo. As obras desse produtivo período em Saviólovo só seriam publicadas décadas mais tarde. De volta a Saransk, em 1945, o autor retomou o posto de professor de literatura universal no Instituto Pedagógico da Mordóvia, instituição que recebeu o status de universidade em 1957, e na qual permaneceu até se aposentar, em 1961.

Desde 1930 Bakhtin não havia publicado quase nada e estava isolado dos principais circuitos acadêmicos e literários da União Soviética. Em 1960, três estudantes de Moscou — Vadim Kójinov, Serguei Botcharov e Gueórgui Gátchev — redescobriram seu livro sobre Dostoiévski e, surpresos em saber que o autor seguia vivo e morava em Saransk, escreveram-lhe uma carta. A partir desse momento seguiu-se uma série de publicações que trouxeram seu nome de volta ao cenário intelectual soviético: a obra sobre Dostoiévski foi completamente revista e publicada novamente sob o título *Problemas da poética de Dostoiévski* (1963); em seguida, publicou *A cultura popular na Idade Média e no Renascimento: o contexto de François Rabelais* (1965) e preparou a coletânea de ensaios *Questões de literatura e de estética*, publicada logo após sua morte. A obra de Bakhtin só veio a ser conhecida no Ocidente a partir de 1967, mesmo ano em que o autor foi oficialmente reabilitado pelo governo russo. Faleceu em 1975 em Moscou, onde seis anos antes fixara residência.

Sobre o tradutor

Paulo Bezerra estudou língua e literatura russa na Universidade Lomonóssov, em Moscou, especializando-se em tradução de obras técnico-científicas e literárias. Após retornar ao Brasil em 1971, fez graduação em Letras na Universidade Gama Filho, no Rio de Janeiro; mestrado (com a dissertação "Carnavalização e história em *Incidente em Antares*") e doutorado (com a tese "A gênese do romance na teoria de Mikhail Bakhtin", sob orientação de Afonso Romano de Sant'Anna) na PUC-RJ; e defendeu tese de livre-docência na FFLCH-USP, "*Bobók*: polêmica e dialogismo", para a qual traduziu e analisou esse conto e sua interação temática com várias obras do universo dostoievskiano. Foi professor de teoria da literatura na Universidade do Estado do Rio de Janeiro, de língua e literatura russa na USP e, posteriormente, de literatura brasileira na Universidade Federal Fluminense, pela qual se aposentou. Recontratado pela UFF, é hoje professor de teoria literária nessa instituição. Exerce também atividade de crítica, tendo publicado diversos artigos em coletâneas, jornais e revistas, sobre literatura e cultura russas, literatura brasileira e ciências sociais.

Na atividade de tradutor, já verteu do russo mais de quarenta obras nos campos da filosofia, da psicologia, da teoria literária e da ficção, destacando-se: *Fundamentos lógicos da ciência* e *A dialética como lógica e teoria do conhecimento*, de P. V. Kopnin; *A filosofia americana no século XX*, de A. S. Bogomólov; *Curso de psicologia geral* (4 volumes), de R. Luria; *Problemas da poética de Dostoiévski*, *O freudismo*, *Estética da criação verbal*, *Teoria do romance I: A estilística*, *Os gêneros do discurso*, *Notas sobre literatura, cultura e ciências humanas*, *Teoria do romance II: As formas do tempo e do cronotopo* e *Teoria do romance III: O romance como gênero literário*, de M. Bakhtin; *A poética do mito*, de E. Melietinski; *As raízes históricas do conto maravilhoso*, de V. Propp; *Psicologia da arte*, *A tragédia de Hamlet, príncipe da Dinamarca* e *A construção do pensamento e da linguagem*, de L. S. Vigotski; *Memórias*, de A. Sákharov;

no campo da ficção traduziu *Agosto de 1914*, de A. Soljenítsin; cinco contos de N. Gógol reunidos no livro *O capote e outras histórias*; *O herói do nosso tempo*, de M. Liérmontov; *O navio branco*, de T. Aitmátov; *Os filhos da rua Arbat*, de A. Ribakov; *A casa de Púchkin*, de A. Bítov; *O rumor do tempo*, de O. Mandelstam; *Em ritmo de concerto*, de N. Dejniov; *Lady Macbeth do distrito de Mtzensk*, de N. Leskov; além de *O duplo*, *O sonho do titio* e *Sonhos de Petersburgo em verso e prosa* (reunidos no volume *Dois sonhos*), *Bobók*, *Crime e castigo*, *O idiota*, *Os demônios*, *O adolescente* e *Os irmãos Karamázov*, de F. Dostoiévski.

Em 2012 recebeu do governo da Rússia a Medalha Púchkin, por sua contribuição à divulgação da cultura russa no exterior.

Obras do Círculo de Bakhtin
publicadas pela Editora 34

Mikhail Bakhtin, *Questões de estilística no ensino da língua*, tradução, posfácio e notas de Sheila Grillo e Ekaterina Vólkova Américo, apresentação de Beth Brait, São Paulo, Editora 34, 2013.

Mikhail Bakhtin, *Teoria do romance I: A estilística (O discurso no romance)*, tradução, prefácio, notas e glossário de Paulo Bezerra, São Paulo, Editora 34, 2015.

Mikhail Bakhtin, *Os gêneros do discurso*, organização, tradução, posfácio e notas de Paulo Bezerra, São Paulo, Editora 34, 2016.

Valentin Volóchinov, *Marxismo e filosofia da linguagem: problemas fundamentais do método sociológico na ciência da linguagem*, tradução, notas e glossário de Sheila Grillo e Ekaterina Vólkova Américo, ensaio introdutório de Sheila Grillo, São Paulo, Editora 34, 2017.

Mikhail Bakhtin, *Notas sobre literatura, cultura e ciências humanas*, organização, tradução, posfácio e notas de Paulo Bezerra, São Paulo, Editora 34, 2017.

Mikhail Bakhtin, *Teoria do romance II: As formas do tempo e do cronotopo*, tradução, posfácio e notas de Paulo Bezerra, São Paulo, Editora 34, 2018.

Mikhail Bakhtin, *Teoria do romance III: O romance como gênero literário*, tradução, posfácio e notas de Paulo Bezerra, São Paulo, Editora 34, 2019.

A sair:

Valentin Volóchinov, *A palavra na vida e a palavra na poesia: ensaios, artigos, resenhas e poemas*, organização, apresentação, tradução e notas de Sheila Grillo e Ekaterina Vólkova Américo, São Paulo, Editora 34, 2019.

ESTE LIVRO FOI COMPOSTO EM SABON,
PELA BRACHER & MALTA, COM CTP DA
NEW PRINT E IMPRESSÃO DA GRAPHIUM
EM PAPEL PÓLEN SOFT 80 G/M² DA CIA.
SUZANO DE PAPEL E CELULOSE PARA A
EDITORA 34, EM NOVEMBRO DE 2019.